株で1日3万円
「鬼デイトレ」
"伝説の株職人"による15分足の極意

日本股神日賺周薪的
魔鬼
當沖奧義

4日交易 × 15分線圖,
用最少本金掌握低風險穩賺法則

Aiba Shiro
相場師朗

李友君——譯

CONTENTS
目錄

前言
5　為什麼當沖是「低風險、中報酬」？

CHAPTER 1
了解當沖的 4 個基礎知識，掌握 4 分鐘的機會

12　**01**　觀察 K 線就能發現很多機會
19　**02**　了解賣方和買方的拉鋸戰就能獲利
29　**03**　學會賣空絕對有好處
35　**04**　股票該怎麼選？

CHAPTER 2
以最少技術發揮最大效用的「基本看盤術」

40　**01**　均線能成為有力的武器
53　**02**　只須充分熟練 4 個技巧就能獲利
65　**相場專欄**　為了變成高手，要了解勝利的機率

CHAPTER 3
以最低風險累積暴利的「買進賣出」技巧

70　**01**　買賣與平倉的時機

CHAPTER 4 勝率最大化的「不操作時間」思考法

- 88　**01**　從確認現在「股價的位置」開始
- 94　**02**　重要的是了解什麼情況不能交易
- 97　**03**　在下一根 K 線形成前，決定是否買賣
- 103　**04**　只要出現「鳥嘴」，就果斷長期持倉

CHAPTER 5 所有市場都通用的「3 大當沖法」

- 108　**01**　要以多少股數買賣？
- 112　**02**　2 天盤勢一起看，交易更輕鬆
- 117　**03**　多交易波動不同的股票，較能增加獲利

CHAPTER 6 結合「4 日交易」及當沖穩穩賺，勝率至少 64.8%

- 122　**01**　抓單根 K 線的技巧——陰、陽、陰與陽、陰、陽
- 134　**02**　結合 4 日交易及當沖

CHAPTER 7 制定簡單獲利計畫，晚上也能靠日經平均期貨賺錢

- 142　**01**　制定交易獲利計畫
- 147　**02**　進行日經平均期貨當沖，要有效運用節點

CHAPTER 8 將絕技內化的 4 道最強練習題

- 152　**01**　15 分線圖的練習題

CHAPTER 9 與交易技巧同樣重要的心態鍛鍊法

- 164　**01**　當沖時的心態也非常重要
- 170　**02**　無論勝敗，都能為下次勝利帶來養分
- 172　**03**　Don't take a chance!

179　**後記**
　　　練習在前，實戰在那之後

- 本書的內容多半根據執筆以前的資訊編纂而成。本書出版後，與金融相關的法律和制度可能會修訂，各家公司的服務內容可能會變更，敬請見諒。
- 本書也會提供股票投資的資訊，但不推薦購買特定股票或保證其有效性。個別的金融服務或金融商品的詳情，請洽各大金融機關。
- 股票投資伴隨一定的風險。買賣所產生的利潤和損失，執筆者和出版社不負任何責任。投資股票時請務必根據自己的責任和判斷行事。
- 本書的線圖是追蹤多種線圖工具的結果，縱橫比例多少有點偏離，敬請見諒。

前言

為什麼當沖是
「低風險、中報酬」？

就算一天賺不了「上億」

首先,我想先提出一個問題:

「當沖是『賺錢的方法』嗎?」

答案是肯定的。

那麼,這是大賺特賺的方法嗎?

這個問題的答案既不是對,也不是錯。

當然,這要視你怎麼理解「大賺特賺」。**不過,假如你希望「1天賺1億」,最好闔上這本書去找其他書籍。**

當沖並非追求「高風險、高報酬」的方法,**而是孜孜不倦地累積利潤、追求「上億」的「低風險、中報酬」投資術**,並非要以一擲千金的方式賺到「上億」。

不過,藉由持續地累積幾千到幾萬日圓的利潤,日日變成發薪日,就有可能獲得「上億」。

本書的目標是1天3萬日圓。如果是高薪的上班族,可能有些

人平均每天都賺超過 3 萬日圓。

但是，那是他們辛苦工作後得到的報酬。而這筆錢也可以透過 1 小時甚至幾十分鐘的交易來獲得。

這麼看來，大家不覺得後者遠勝前者嗎？

為什麼當沖是「低風險」？

之所以能說當沖是「低風險」，是因為容易「預測」。

比方說，請回想一下元旦各大報的財經新聞，一定會有上市企業的總經理、證券分析師及知名人士預測該年「年底」的日經平均指數。大家各抒己見，但若是我會怎麼回答？

答案是「不知道」。我不可能得知 1 年後的日經平均指數是多少。

不過，假如叫我「預測明天日經平均指數的開盤價」呢？我會回答，在某種程度上是「知道」的。

假設今天的收盤價是 3 萬日圓，明天的開盤價就不會是 2 萬 5,000 日圓、也不可能是 3 萬 5,000 日圓。根據過去的統計資料，可以推測 2 萬 9,000 日圓到 3 萬 1,000 日圓就差不多了。

那麼，能不能從下午 1 點的日經平均指數，預測下午 2 點的價位呢？假設下午 1 點的日經平均指數為 3 萬 0,500 日圓，就可以預測下午 2 點為 3 萬 0,400 日圓到 3 萬 0,600 日圓。

就像這樣，1 年後、1 天後、1 小時後，時間軸越短，波動幅度

越窄,也就容易預測。

所以,即使最後預測落空,並不會蒙受龐大的損失,也就是低風險。

這可說是當沖的一大優點。

「中報酬」變「高報酬」的策略①

那麼,接下來就要談談當沖的缺點。

波動幅度小,最大損失少,相反地**最大利潤也少**。得不到龐大的價差,只能分段獲得小幅的價差,這是缺點之一。

另一個缺點是,無法買賣大量的股票。10點半進場、11點平倉,下午1點半進場、2點平倉,當沖交易多半就像這樣會在短時間結束。如此一來,就無法下單買賣幾萬股。

那麼,具體來說當沖是以幾股交易居多?通常個股最低單位從100股起跳,多則1萬股左右。

無論如何,別說是靠當沖在1天內賺到上億,就連賺個幾百萬日圓,對初學者也很困難。諸如「憑著5萬股的交易取得100日圓的價差,獲利500萬日圓」之類的案例,就請當作不可能(假如遇上

強調「個股當沖1天賺幾千萬日圓」的操盤手,請冷靜追問:「你以幾股賺得幾日圓的價差?」,對方一定會無言以對)。

話說回來,既然很難追求高報酬,要怎麼彌補缺點呢?再重申一次,關鍵是在期望值高的情況下決勝負,穩紮穩打地累積利潤。

「中報酬」變「高報酬」的策略②

與中長期的價差相比,短期的價差更看不出穩定的趨勢。換句話說,就是波動不穩定。這也是當沖的一大缺點。

那麼,該怎麼彌補這個缺點呢?這裡有兩大方法。

①拉長K線的期間

要追求暴利很難。既然如此,就會想以1分線和5分線來增加決勝次數、增加利潤。不過,這對初學者來說是走向絕路。因為波動更不穩定,判斷時間也會縮短,結果只會增加落敗的次數。

因此,「相場流當沖」會以15分線為主。如此一來,**能讓進場次數、價差預測難度及思考時間這三者取得平衡**。

②搭配2到4天的交易

不過,有時就算是15分線也難以預測和進場。在不容易判讀趨勢的狀況下進場,稱不上是明智之舉。特地在驚濤駭浪中出航的必要

性在哪裡呢？

但若沒有增加決勝次數，利潤就不會增加。那要怎麼辦呢？相場流當沖會做 15 分線的超短期交易，同時搭配為期 4 天的短期交易，藉由超短期投資＋短期投資，讓風險和報酬最佳化。

這時想必有人會疑惑：「股票 1 星期開市 5 天，為什麼是交易 4 天？」

這是有統計根據的。

短期投資要做幾天最好？我曾因為想要知道答案，廣泛分析 30 年的日經平均期貨資料，以及 200 檔以上的股票線圖，可說是分析了 200×30＝6,000 次龐大的價格波動。

最後得出的結論是「預測的趨勢容易延續 4 天」。反過來說，就是第 5 天以後的股價方向容易改變。所以最好花 4 天交易，而不是 3 天或 5 天。

日日變成發薪日，像「魔鬼」一樣賺錢

總結以上內容，可知當沖的優點在於風險低。不過，優點和缺點是一體兩面。風險低也就代表難以追求高額報酬。

為了彌補這項缺點，相場流「魔鬼當沖」會搭配 15 分線的超短線交易和為期 4 天的短期交易。

本書的目標是日賺 3 萬日圓。不過，磨練線圖技術近 40 年的我敢保證，假如能夠日賺 3 萬日圓，要賺到 5 萬日圓、10 萬日圓就會

更容易。實際上，在我主持的「股票道場」當中，就有「魔鬼操盤手」學會日賺 3 萬日圓之後，不但接著賺到 5 萬、10 萬日圓，甚至還高達 20 萬日圓以上。

初學者常抱持的疑問如下：
・什麼樣的股票適合當沖？
・有沒有最佳交易時段？

中高級者則會需要以下技巧：
・提高勝率的進場＆保證獲利法
・將風險和報酬最佳化的部位操作技巧
・如何在交易過程中保持最佳心理狀態，讓收益最大化？

以上答案皆可在本書中找到，更匯集了我 40 年來累積的知識要點。

前言就談到這裡！
祝福各位能以最短、最快的時間實現「日日發薪日」，相場流當沖教室要開始了！

CHAPTER 1

了解當沖的
4個基礎知識，
掌握4分鐘的機會

01 觀察 K 線就能發現很多機會

從了解 K 線的構造開始

首先要從 K 線的構造開始，說明當沖的可行性。據說 K 線由日本人發明，是用於表示 1 天內股價波動的圖表之一。K 線可分為陽線和陰線。

陽線會出現在上午 9 點開盤的股價（開盤價）高於下午 3 點的收盤股價（收盤價）時。陰線則正好相反，會出現在開盤價低於收盤價時。

▶ 圖 1-1　K 線的構造

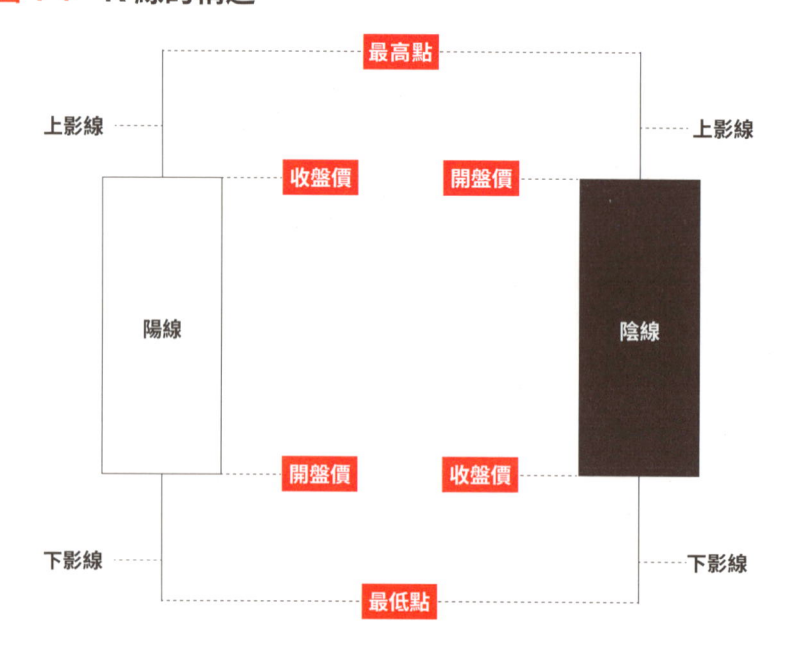

K線由會標出盤價和收盤價的本體，以及上下影線組成，上影線表示股價1天波動中的最高點，下影線表示最低點。

也有沒有上下影線的K線。陽線表示開盤價為當天的最低點，收盤價為最高點；陰線則是以最高點開始，以最低點作收。這意味著股價會在K線本體的漲跌幅之間起伏。

還有些K線沒有上影線或下影線。沒有上影線的陽線表示收盤價為當天的最高點，陰線則表示開盤價為當天的最高點；沒有下影線的陽線表示開盤價為當天的最低點，陰線則表示收盤價為當天的最低點。

無論如何，股價會在1天內起伏波動。從上午9點開盤到下午3點收盤，股價很少會只下跌一次或只上漲一次。

這表示，股價在1天當中會不斷小幅上漲或下跌，到最後收盤。

當沖交易是利用股價當天起伏波動的「上漲」時做多，「下跌」時做空。

就如前面說明的，1天內的波動起伏不會那麼大。因此，**即使交易失敗，也不會變成龐大的虧損**。相反地，**即使操作得當，也無法獲得太大筆的金額**。話雖如此，也有辦法在1天賺到5萬日圓、10萬日圓、30萬日圓的利潤。

此外，不只是1天，選在2到4天的股價波動中進場和出場，也是當沖的定義範圍。這段期間的漲跌幅比單純1天的波動還大，卻更容易預測，交易風險也少。**比起僅限1天的當沖，3到4天的當沖會產生更多利潤。**

從 5 分線圖得知股價 1 天的波動

那麼，我們就實際看看日經平均期貨 2021 年 6～9 月的日線圖（圖 1-2）。

圖中黑色的是陰線，白色的是陽線，分別帶有上影線或下影線。完全不帶影線的又稱為「光頭光腳」。有的 K 線只帶有少許影線，但大多數都會附帶影線。因此，雖然 1 天的波動不多，但仍可以說是有一定幅度的。

比如下影線長的 K 線，就代表股價一時之間遠比開盤價還低，收盤價卻達到最高點，波動非常劇烈。

▶ **圖 1-2** 日經平均期貨　日線圖（2021 年 6～9 月）

每根K線都帶有波動，波動連接起來就形成了持續的下跌與上漲。所以在當沖時既可抓住1根K線的上下波動，也可抓住3～4天的波動。不論選擇哪一種方式，**都能在短期內輕鬆預測漲跌幅，以低風險賺取利潤**，這就是本書要解說的當沖法。

下一張圖是日經平均期貨2021年9月17日這天的波動，K線為5分線（圖1-3）。5分線表示股價每5分鐘的波動。

日經平均期貨的交易時間為上午8點45分～下午3點15分，下午4點30分～隔天上午6點。

看看這張線圖，股價從上午9點45分起到中午12點25分為止是上漲的，將這個盤勢設定為Ⓐ。從中午12點25分起稍微下跌，將這個設定為Ⓑ。下午1點40分左右股價持平，然後又開始漲，持續

▶ **圖 1-3　日經平均期貨　1日波動（2021年9月17日）**

CHAPTER 1　了解當沖的4個基礎知識，掌握4分鐘的機會　15

上升到下午 3 點 25 分,將這個設定為Ⓒ。爾後就下滑到下午 4 點 20 分,這個是Ⓓ。接著從下午 5 點起又下跌,設定為Ⓔ。

　　當天的日經平均期貨在 1 天之中像Ⓐ、Ⓑ、Ⓒ、Ⓓ、Ⓔ這樣,大幅變動 5 次。

　　當沖時可以把握Ⓐ的上午 9 點 45 分～中午 12 點 25 分這段將近 3 小時的上漲、Ⓑ的下跌、Ⓒ的上漲及Ⓓ、Ⓔ的下跌。

　　不只如此,**抓住 5 分線的起伏也是當沖**。5 分線表示每 5 分鐘的股價。看看出現在上午 9 點 45 分的 5 分陽線,就會發現即使是陽線也會有上下影線。這意味著股價會在 5 分鐘內上下波動,因此把握這段時間的漲跌也可以提升利潤。

　　即使在盤整的盤勢下,股價看似波動得不那麼厲害,看了 5 分線也會發現較長的下影線、較短的上影線。由於 5 分線是由 5 根 1 分線組成,只要用 1 分線交易,就可以買在最低點,並在幾分鐘後以最高點獲利了結。

　　股價 1 天的波動還是有一定的幅度,因此當沖也能獲得利潤。要說漲跌幅有多大,答案就是 232 日圓。最低點為 3 萬 0,176 日圓,最高點為 3 萬 0,408 日圓。

在 1 分線圖上,看見 2 個半小時當中的 10 次機會

　　下一張圖是日經平均期貨 2021 年 9 月 17 日下午 3 點～下午 5 點 30 分的走勢(圖 1-4)。雖然是 2 個半小時,但因為是 1 分線圖,所以期間看起來很長,就像前面的 1 日圖一樣。1 分線圖的 1 根 K 線

表示1分鐘內的漲跌幅,而5分鐘的K線圖則是代表5分鐘內的走勢,因此相當於由5根1分鐘K線組成。

看看1分線,就會發現有些陽線的下影線很長。表示1分鐘內會上漲或下跌,就像人生時好時壞一樣,「股生」也有浮沉起落。

雖然下午3點29分是陰線,卻帶有長長的上影線和下影線,顯示即使在短短1分鐘當中也有波動,而當沖就是要把握這股波動。

Ⓐ的盤勢中,1分線約有25根,代表約25分鐘的波動。因此在Ⓐ的上漲之後,可以抓住接下來5分鐘的下跌。從3萬0,380日圓跌至3萬0,360日圓,約下跌20日圓。

以企業的股票來說,日經平均期貨的最低交易單位為1,000股(1張)。因為波動是20日圓,所以會有1,000股×20日圓＝2萬日

▶ **圖 1-4　日經平均期貨　2個半小時的波動（2021年9月17日下午3點～下午5點30分）**

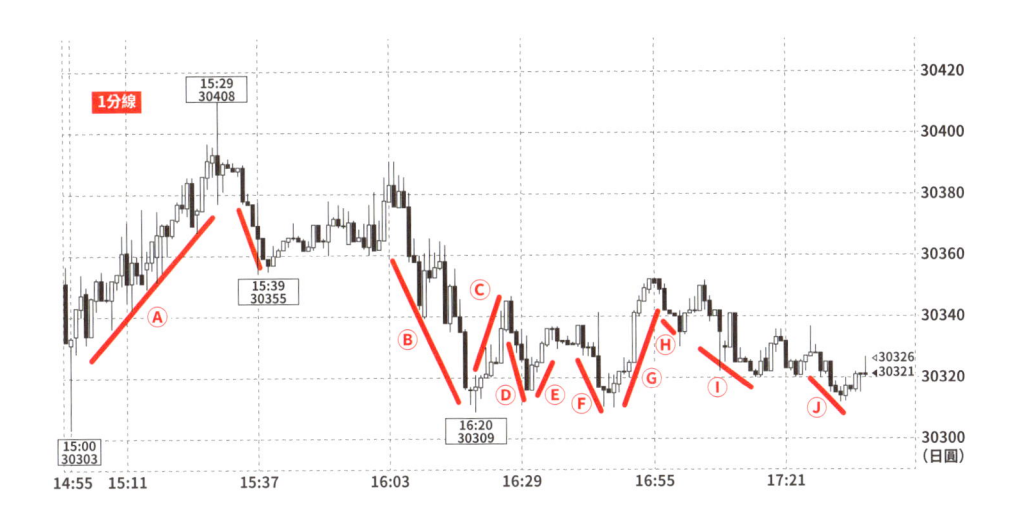

圓的利潤。這樣看來，假如把握住Ⓐ的上漲和Ⓑ的下跌，短短 2 個半小時就能獲得可觀的金額。

這張圖顯示出從Ⓐ到Ⓙ的股價起伏。單就Ⓐ、Ⓑ、Ⓒ、Ⓓ、Ⓔ、Ⓕ、Ⓖ、Ⓗ、Ⓘ、Ⓙ的 10 次波動，表示至少出現了 10 次的預測及交易機會。

用 1 分線交易，即使是在短短 2 個半小時內，也有相當多機會。

比如Ⓔ的 1 分線有 4 根，意思是即使在 4 分鐘內也能抓到 15～16 日圓的波動。1,000 股就是 1 萬 5,000 日圓，5,000 股就是 7 萬 5,000 日圓。雖然不見得能全部把握，但也並非完全無法掌握。

短短 2 個半小時就有這樣的波動。假如交易得當，即使是微小的波動也能賺取 5 萬日圓。話說回來，這些線圖的起伏波動像不像錢在流動呢？

只要磨練技巧，哪怕只抓到從Ⓐ到Ⓙ的一半，也可以獲得 5 萬日圓，就和每天獲得按日計酬的打工費一樣。當沖交易就是沒有出門打工，只是坐在家中的桌前對著電腦，也能有 5 萬日圓收入。

不過請各位稍微想想。這股波動的最低點是 3 萬 0,309 日圓，最高點是 3 萬 0,408 日圓，即使看起來起伏驚人，實際上也只波動 99 日圓。

其實波動並沒有那麼大。不過，以 1 分線來看就是劇烈的波動。當沖就是把這股波動當成機會。

這一章告訴我們，就算實際的漲跌幅沒那麼大，但以 K 線來看，**幾分鐘內也有大好良機**，只要好好抓住機會，利潤就會確實提高，請各位記住以上觀念。

02 了解賣方和買方的拉鋸戰就能獲利

股價波動就像拔河一樣拉鋸

相信大家都在運動會上拔過河吧？拔河開賽後，剛開始繩子會稍微左右搖晃，不久就會穩定下來，接著偏向其中一方，之後僵持不動，再偏向一方。過程當中會偏移和一再拉鋸，最後才決定勝負。這就是拔河。

其實，股價的波動也和拔河非常相似。

即使公司的業績良好，股價也會下跌，業績差時股價也可能上漲。另外，要是美國總統選舉的結果和預測相反，股價也可能會暴跌1、2天，之後再持續上漲。

股價的變動，可以說是由賣方和買方之間的拉鋸決定的。想買該股票的人多，還是想賣的人多，股價就會朝多數的一方移動。如此一來，有時會導致暴跌，有時則會引發暴漲。

在預測拔河的勝負時，要是調查男女比、參賽者的身體狀況及運動經歷等項目，就會沒完沒了。即使覺得有橄欖球選手在的隊伍就會贏，但那個人當天也可能剛好身體狀況不佳，因而落敗。

股票也一樣。假如把社長的經營理念、事業計畫、新事業發展的狀況及結算等項目，當成買賣的判斷依據，那想必會沒完沒了。

與其如此，**不如觀察賣方和買方之間的拉鋸戰，並站到勝利的一方，反而更有效率吧？** 如果能看懂這場拉鋸戰，基本上就能獲勝。

股價會朝拉鋸戰中失去平衡的一方移動

股價上漲，新的進場者會不斷增加，讓股價漲得更高。即使如此，股價總有一天也會下跌。就算當紅的股票正在上漲，也會有賣掉的人。因為要是沒有人賣，想買的人就買不到。

要是想買的人掃購一空，買方減少，股價就不會再漲。買方之所以減少，是因為心理作用，擔心漲到這個地步之後，既不曉得什麼時候會下跌，也認為再漲也沒有多大利潤。

漲勢趨緩後，從很早以前就持倉的人、途中便宜買進的人，就會覺得差不多該獲利了結而開始賣出，賣方和買方會慢慢相互抗衡。接著，兩者之間的拉鋸會暫時停止，市場短期停滯不前。之後，賣方力量增強，股價便開始下跌。

另一方面，**即使股價大幅下跌，仍然會有買方存在**。各位是否認為沒有人會在暴跌時買進呢？

暴跌時也會有買方。就連引發 2008 年金融海嘯的雷曼兄弟事件時也有買方，所以股價才會上漲。要是只有賣方而沒有任何人買，買賣就不會成立，股價也不會變動。股價不上漲，市場就會停擺。當時市場沒有停擺，是因為雖然有人拋售，但也的確有人接盤。

持續上漲的股票也會有賣方，持續下跌的股票也會有買方──許多人忽略了這一點。只要有賣方和買方在，股價就會起伏。換句話說，

要是沒有買賣雙方，就算條件再怎麼齊全，股價也不會波動。

為了獲利，要從 K 線感受拉鋸戰的結果

假如能夠判斷拔河時會傾向買賣雙方哪一邊，就能獲利。這點在波段交易上也一樣，不過當沖時會更明顯。

在當沖時使用 5 分線在 5 分鐘之間買賣的人，遠少於靠波段交易或長期交易來買賣的人數。因為是在 5 分鐘內進行買賣，所以市場參與者不會太多。1 分線也是一樣的情形，在 1 分鐘內買賣的人還是比較罕見，等於是<u>以稀少的人數在拔河</u>。

買方和賣方勢均力敵之後，才會出現拉距。賣方和買方的力道相同時股價會不動，隨後只要其中一方施力，股價就往有力道的一方波動。因此，**<u>觀察抗衡的盤勢，跟隨波動的一方，可說是當沖的祕訣之一</u>**。

所以，我們需要從 K 線中判讀拉鋸的結果。業績或公司方針的改變，應該不容易在 5 分鐘內決定買賣雙方的力道。

<u>賣方和買方的拔河會怎麼在 5 分鐘或 1 分鐘之間進行，繩索會如何往兩邊移動？感受這一點再進場和出場，就是當沖的基本方法</u>。

從線圖中看出抗衡狀態後的走勢

那麼，我們就來看看線圖中的拔河拉鋸戰吧。關於進場和出場的細節將在後面詳細說明，這裡請先注意拉鋸的部分。

圖 1-5 是日經平均期貨的 5 分線圖。股價從上午 9 點 40 分起上漲，豎立 2 根陽線，接下來卻出現陰線，10 分鐘內幾乎沒有波動（箭頭①），屬於拔河拉鋸戰的狀態。

　接著在 15 分鐘內連續出現 3 根陰線，但陽線出現後，股價就沒有波動。陽線、陰線、陽線、陽線豎立的 20 分鐘內（Ⓐ）為抗衡狀態。然而，箭頭②的陽線一口氣穿出去。買進力道增強，股價猛力往上拉。箭頭②表示波動從相抗衡的狀態，到慢慢開始偏向其中一邊的階段。

　就如前面所言，感受這股波動再進場和出場，是當沖的祕訣之一。

　下一張是美股亞馬遜公司（Amazon.com, Inc.）的 5 分線（圖 1-6）。股價在Ⓐ的 15 分鐘內幾乎沒波動，卻從相抗衡的狀態猛然往下拉（箭頭①）。雖然在止跌之後，15 分鐘內幾乎沒動作，最後卻以陰線、陽線、陽線的方式微幅拉鋸（Ⓑ）。接著一口氣上漲（箭頭②）。

▶ **圖 1-5　日經平均期貨　5 分線圖（2021 年 9 月 27 日）**

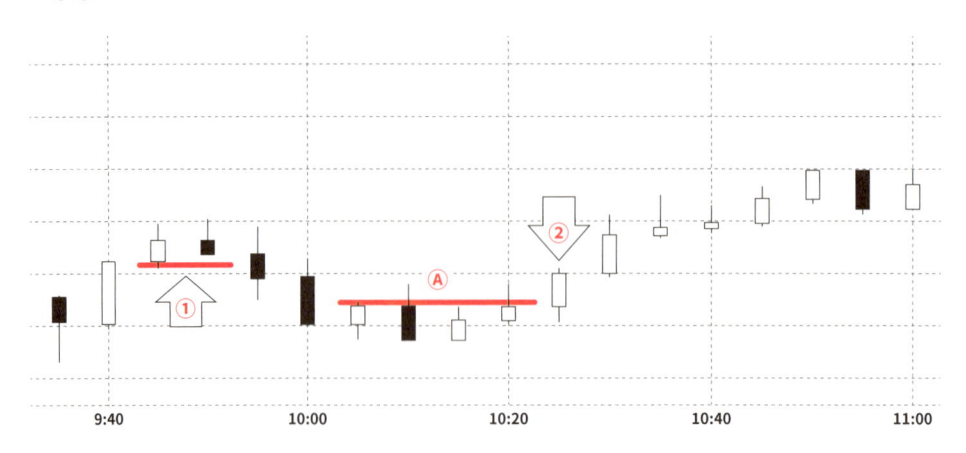

讓我們看看西德克薩斯中間機原油（West Texas Intermediate，WTI）期貨（圖1-7），這也是5分線圖。從下午3點5分左右的20分鐘內沒有什麼波動。然而，最後的陰線不僅跌破了之前的陽線，還

▶ **圖 1-6** 美國亞馬遜公司　5分線圖（2021年9月24日）

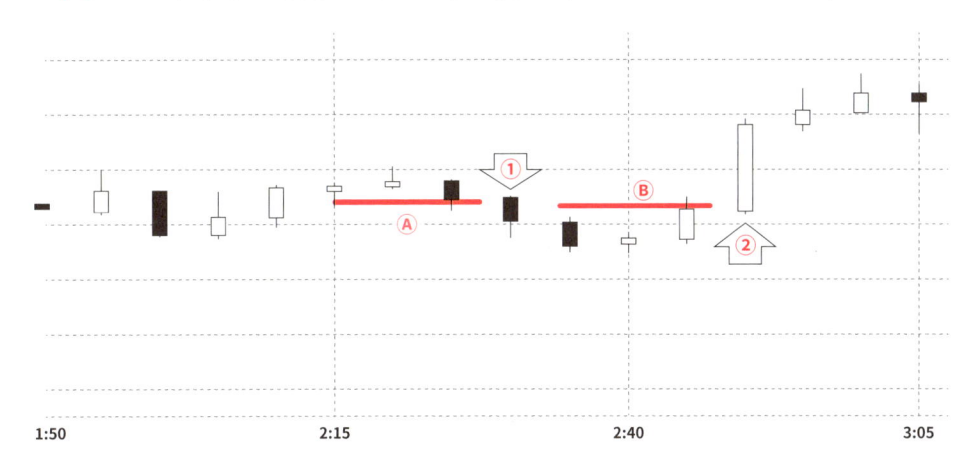

▶ **圖 1-6** WTI原油期貨　5分線圖（2021年9月27日）

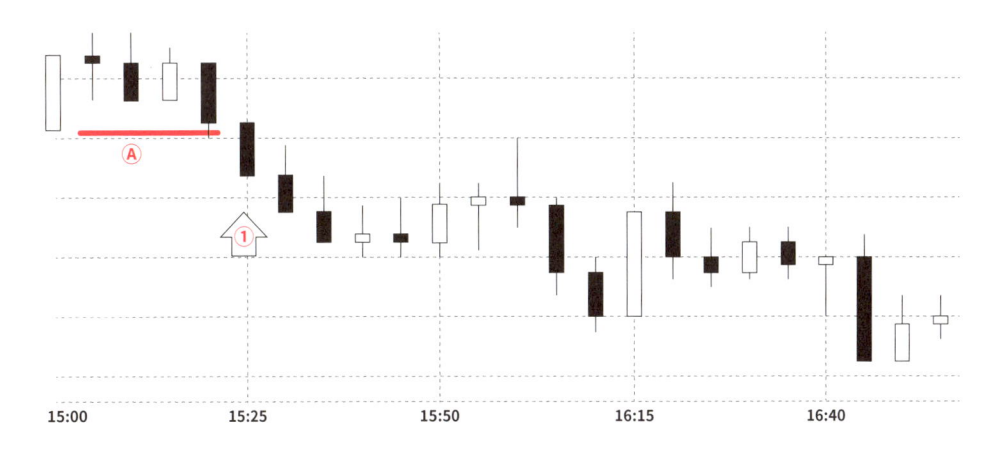

CHAPTER 1　了解當沖的4個基礎知識，掌握4分鐘的機會　23

跌破了更早前的陰線收盤價（Ⓐ）。這是一個變化。接著就從箭頭①開始明顯下滑，爾後又沒有波動。

請各位想像拔河剛開始後，繩索不知會往哪邊去，搖搖晃晃，稍微往上波動又回到原位，再猛然被往上拉。

我們無法得知在那10幾分鐘內發生了什麼事，也無法了解股價上下波動的具體原因。因此，我們把重點放在結果比較好。

下一張是日股日用品公司花王（4452）的5分線圖（圖1-8）。從上午9點起的55分鐘內，一直維持著抗衡的狀態（Ⓐ）。但在後半段的15分鐘內，收盤價都沒有低於前20分鐘。以拔河來說勝敗未定，但買方開始稍微占上風。

接著，買方力道從箭頭①的地方開始增強，股價逐漸上升。之後，市場再次出現抗衡（Ⓑ），並從箭頭②開始下跌。

▶ **圖 1-8　花王　5分線圖（2021年9月24日）**

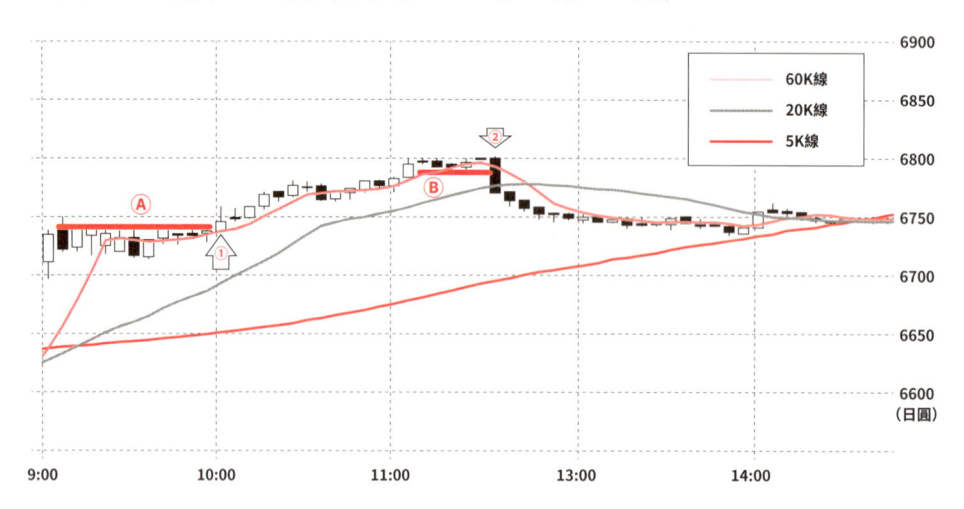

從均線感受較長時間的拉鋸戰況

接下來要講解如何在當沖時使用均線,來感受較長時間的拉鋸。

雖說是均線,但要在 5 分線圖中使用 60K 線、20K 線及 5K 線。60K 線表示 5 分線圖中過去 60 根 K 線(300 分鐘內)的平均值,20K 線表示過去 20 根 K 線(100 分鐘內)的平均值,5K 線表示過去 5 根 K 線(25 分鐘內)的平均值。

下一張圖是香港恆生股價指數的 5 分線圖(圖 1-9)。從期貨、個股、日股、美股到港股,都是由人類交易的,不分國家或人種,共同進行拔河拉鋸。人類的欲望沒有國界,也沒有差異。

從均線來看,下午 4 點 50 分以後,是以 60K 線、20K 線及 5K

▶ 圖 1-9　香港恆生股價指數　5 分線圖①(2021 年 9 月 17、20 日)

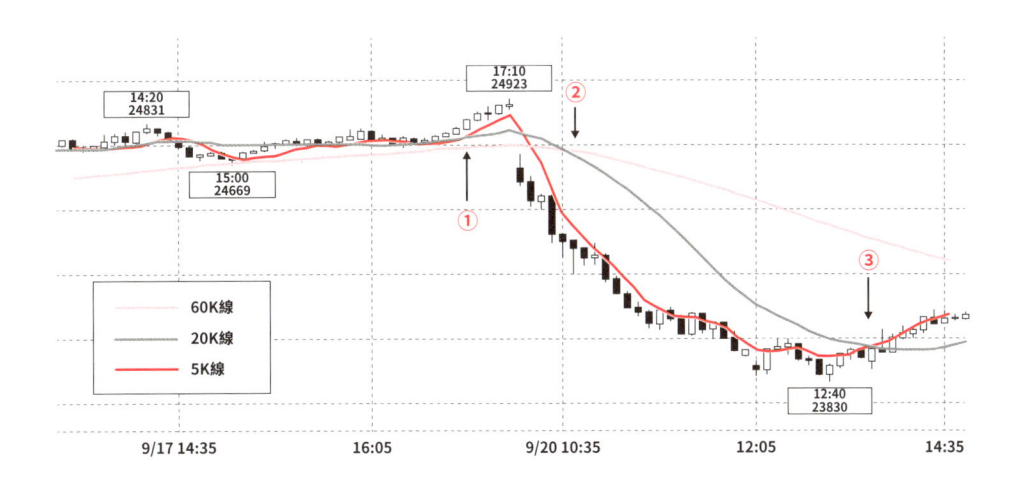

線的順序由下往上排（箭頭①）。這種排列方式幾乎都會出現在股價上升時。

過了下午 5 點 10 分，均線交叉逆轉（箭頭②）。最下面的 60K 線跑到最上面，其次的 20K 線不變，最上面的 5K 線換到最下面。

這種逆轉表示近期走勢非常疲弱，也可以說 5K 線上升，表明近期走勢非常強勁。60K 線、20K 線及 5K 線幾乎呈平行排列，以拔河來說，就是市場力量處於相互抗衡的狀況。

那麼，我們來思考一下，比 20K 線和 60K 線更強勁的 5K 線跑到最下面，這代表著什麼？

與 5 分線的 20K 線（即 100 分鐘）或 60K 線（即 300 分鐘）的平均值相比，5 分線的 5K 線（即 25 分鐘）的平均值位於下方，這意味著近期的走勢比過去疲弱。而且，這些均線之間的距離相當大，表示 5K 線的平均值遠低於 60K 線或 20K 線的平均值。這種急遽的下跌，表明賣方力量正在增加。

以拔河來說，這已經是被另一方拉過去、逐漸下跌的階段。

最後，20K 線和 5K 線變得幾乎一致（箭頭③），屬於買進力道增加的階段。

像這樣使用均線來看整體的趨勢也很重要。藉由觀察均線的組合和角度、均線之間的間隔是近還是遠，就會知道當天前半段、後半段的幾個小時，或是整天的市場趨勢。

判讀拔河的狀況再進場，不要留下風險

現在替香港恆生股價指數 5 分線圖加上進場點，作為範例（圖 1-10）。

Ⓐ的 30 分鐘內股價幾乎沒有波動。接著從拉鋸的拉鋸狀態到繩索偏向上方，所以就買入進場（箭頭①）。由於上漲也有極限，所以通常會在第 4 根或第 5 根 K 線附近出場（②）。

接著趨勢就完全改變。雖然是賣空，但在Ⓑ的 20 分鐘內，幾乎排列在相同地方的 K 線突然一口氣跌破，就是賣方拉力增強了，所以此時掛進賣單（箭頭③），再於第 3、4 根 K 線處（④）出場。

Ⓒ也一樣，K 線在同樣的位置 20 分鐘後，使勁往下拉。賣空進場（箭頭⑤）之後，再於 K 線的第 3、4 根（⑥）出場。

▶ 圖 1-10　香港恆生股價指數　5 分線圖②（2021 年 9 月 17、20 日）

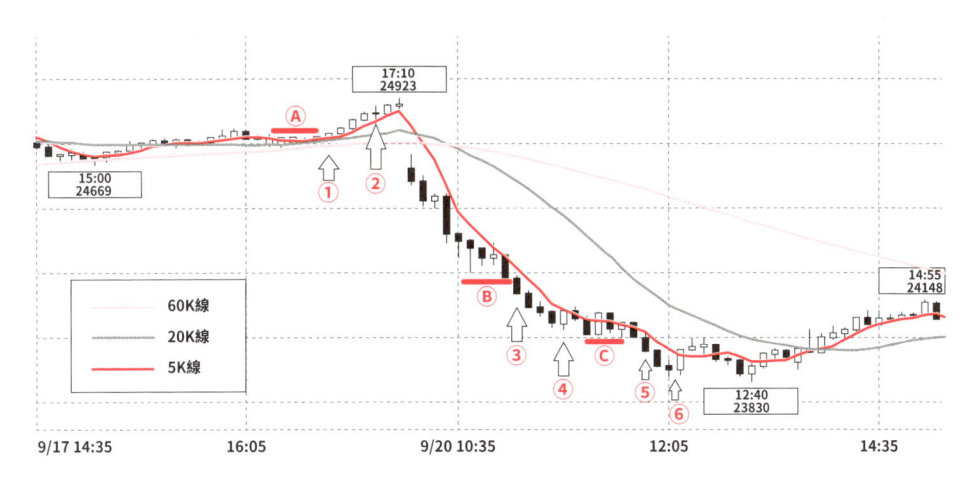

在這張圖表中，大約能進行 3 次買賣。只要有機會就進行交易，並在 3 到 4 根 K 線內獲取小幅利潤。**如果沒有機會，就不進行交易**。切記小幅操作，並在當天內完成結算。

假如在箭頭①進場，就會在 20 分鐘內獲得利潤作收；假如在箭頭③進場，同樣在 20 分鐘內獲利作收；箭頭⑤也一樣。交易後，並不會留下賣單和買單，所以不會產生風險，能以獲利作收。

當沖不是看公司的業績或政治動向，而是觀察短期的拔河戰況來判斷是否交易。單純注意拔河怎麼進行，以這個為利多消息進場，短時間持倉後再平倉，所以幾乎沒有風險。因為股市結束後並未持有賣單和買單，即使美股紐約道瓊指數暴跌、大公司破產，也不需要擔心被波及。

到了隔天，也是在了解走向的情況下進場，**趁著走向改變之前盡快離場**，只取有利的地方累積利潤，這就是當沖。

03 學會賣空絕對有好處

股價會不斷起伏，上漲又下跌

即使已經投資好幾年，還是有很多人仍然認為賣空很危險吧？雖然賣空在市場上被認為有風險，但這通常是一種極端的觀點。我認為學習賣空絕對有好處。

我們來看看日清製粉集團總公司（2002）2020年8月～2021年9月這1年來的日線圖（圖1-11）。

▶ 圖 1-11　日清製粉集團總公司　日線圖（2020年8月～2021年9月）

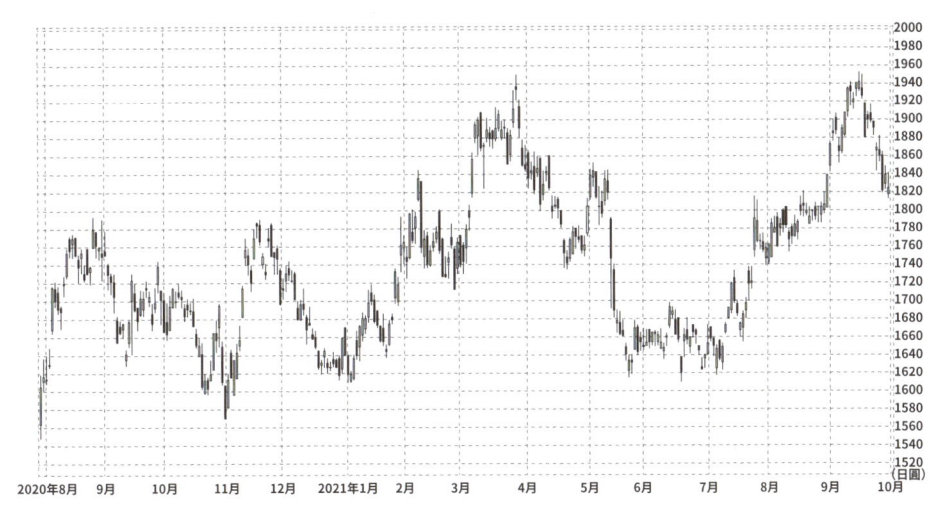

相信各位一眼就可以看出股價在反覆上下波動。雖然從 2021 年 1 月到 3 月底的股價在上漲，但也是不斷上上下下，爾後下跌。上漲和下跌的波動都是一再起伏。

大致觀察 1 年來的起伏，就會發現上漲和下跌各占一半。假如將線圖比喻成波浪，就是波浪有一半往上衝，一半往下掉。

如果不進行賣空交易，就只能以「買進」交易。先以低價買進，再高價獲利了結，藉由預測股價的上漲以賺取利潤。

然而，上升趨勢通常只占 1 年來股價波動的一半，這樣就只能提升一半的利潤。更何況一個人不可能捕捉到所有的上升趨勢，因此實際上能獲得的利潤可能只有一半左右。換句話說，就是只能獲得一半的一半，總計 1／4 的利潤。

即使處於下滑趨勢，賣空也能提高利潤。學會賣空不只能捕捉到股價上漲時 1／4 的利潤，也有機會抓到下滑時的一半利潤。所以不只要學買進，還要學賣空，以求在下跌時也提高利潤。

我曾經試圖為了找出賣空的技巧，去計算幾十年份的陰線和陽線。結果大致上就是比例各半。

假如陽線偏多，就時時看準陽線投資，最後就會贏；假如陰線偏多，就時時看準陰線投資，最後就能獲利。**不過，經過幾十年的調查後，結果顯示陰線和陽線的數量基本上是相等的。**因此，就算只看準上漲或下跌的趨勢，了不起也只能把握到一半。

所以最好也要勇於嘗試賣空。

穩定的股票不太可能在賣空時因飆漲而虧損

我們來思考一下為何大家都說賣空很危險。

假設以 500 日圓的股價買進 1,000 股的股票，結果下跌到變成 1 日圓。因為前後的總股價分別為 500 日圓 ×1,000 股 = 50 萬日圓、1 日圓 ×1,000 股 = 1,000 日圓，所以虧損了 49 萬 9,000 日圓。如果該公司倒閉，股價變成 0 元，你的投資價值也會變成 0。然而，就算本金在最糟的情況下變成 0 日圓，損失也不會超過 50 萬日圓。

但是賣空就不同了。

假設從證券公司借了股價 500 日圓的股票 1,000 股來賣。因為股票是借來的，所以總有一天必須買回來還給證券公司。要是股價從 500 日圓下跌到 400 日圓，只要以 400 日元買回 1,000 股再歸還即可，差額 100 日圓就是賺到的。利潤為 100 日圓 ×1,000 股 = 10 萬日圓。

若股價非但沒下跌，反而持續上升到 1,000 日圓，就必須用 1,000 日圓買回來，以歸還借來的股票。

總虧損為 1,000 日圓 ×1,000 股 = 100 萬日圓。本金不僅是歸零，還倒賠 50 萬日圓。假如價值 500 日圓的股票，漲到 10 倍就是 5,000 日圓、100 倍就是 5 萬日圓……蒙受的損失將難以估計，虧空可能會無限膨脹，所以大家才覺得賣空很危險。

然而，**只要選擇穩健的股票，股價多半不會出現飆漲 100 倍的極端情形。**

像我做波段交易的股票味之素（2802）、三菱重工業（7011）和軟銀集團（0084），股價並不會翻到 100 倍。因此，就算 500 日

圓的股票在理論上有可能變成 50 萬日圓或 500 萬日圓，蒙受股價飆漲的虧損，但實際上只要操作穩健的股票，就可以說「不可能」遇上這種事。

2021 年 10 月 5 日的日經平均期貨收盤價為 2 萬 7,740 日圓。假如在這一天賣空，想必日經平均期貨不會翻到 100 倍，變成 270 萬日圓。因此，只要選擇穩健的股票，500 日圓的股票並不會在幾天後一口氣翻到 10 倍，變成 5,000 日圓。

的確，500 日圓的股票或許會變成 2,000 日圓，但那也需要時間，而且只要好好觀察上漲的情況，應該也會察覺到交易的失誤。只要察覺後盡快停損，就不至於因為股價飆漲的虧空而宣告破產。

買賣都有虧損的風險。不過，一邊仔細觀察情況，**一邊賣空下跌的股票、買進上漲的股票**，就是大幅增加利潤的交易基本功。

藉由買進、賣空交易累積利潤

不但可以從日線觀察到一半上漲，一半下跌的波動，也可以從 5 分線圖中證實。

接下來是三菱重工業（7011）2021 年 10 月 4～5 日的 5 分線圖（圖 1-12）。從圖中可知股價大概有一半時間在下跌，一半的時間在上漲。因此，如果有機會，應該同時把握兩種情況。如果買進比較容易，就選擇買進；如果賣空比較輕鬆，就選擇賣空。這意味著在進行交易時，不僅僅是單一方向的操作，而是要根據市場情況靈活地買進或賣空。

▶ 圖 1-12　三菱重工業　5 分線圖（2021 年 10 月 4～5 日）

下一張是 AI 機器人理財平台 WealthNavi（7342）2021 年 10 月 4～5 日的 5 分線圖（下頁圖 1-13）。假如在下跌的盤勢買進就會虧損。所以**不只是賣出很危險，買進也有風險**。

話雖如此，但因為是當沖，所以買賣在 1 天以內就會結束，即使拉長也是 3～4 天以內。在這樣的短時間內，股價的漲跌幅波動不會那麼大，風險也有限。這就是當沖的好處。

當沖不會長時間持倉，假如在箭頭①賣空後，股價止跌（Ⓐ）並持平，就要獲利了結。基本上，即使股價已經停止下跌，也不會等到跌得更低再進行交易。這張線圖就是在短短 1 小時之內進行的交易。風險既比長期交易低，當沖賣空也不太可能飆漲，請各位想想這一點。

看到三菱重工業、下跌盤勢較多的 WealthNavi，就能了解學會賣空絕對有好處。

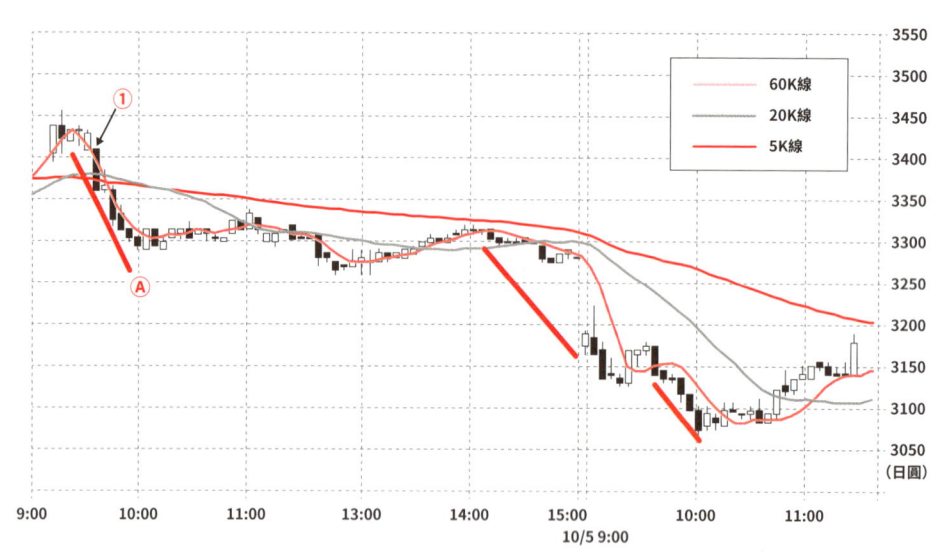

▶ 圖 1-13　WealthNavi　5 分線圖（2021 年 10 月 4～5 日）

「股價會飆漲，所以賣空很危險」是很極端的講法，只要選擇接下來談到的穩健股，股價就不可能會飆漲。而且當沖是在 1 天之內完成就交易，1 小時或 20 分鐘就平倉，沒道理會漲翻天。

假如最長持有股票 4 天，且連日漲停板，也不會突然狂漲 100 倍。首先，當沖能在漲停板之前查覺到風險並停損，或者當股價的變動停止時就平倉。所以希望各位明白，**當沖並不像大家以為的「賣空的損失風險無上限」**，不妨勇於嘗試賣空。

04 股票該怎麼選？

成交量少的股票難以掌握趨勢

根據股票的不同，有些價格波動利於交易，有些則不利於買賣。

圖 1-14 是網路遊戲業務公司 Aeria（3758）的線圖。這檔股票 1 天的交易量為 10 萬股左右。看起來怎麼樣？雖然是 5 分線，交易量卻太少，線與線有間隔，不僅沒有連接，還有看起來不成 K 線的線。想必在持平的盤勢下難以預測今後的趨勢。這樣的線圖就不容易掌握價格的變化。

▶ 圖 1-14　Aeria　5 分線圖（2021 年 10 月 4 ～ 5 日）

交易量少的股票，既難以預測價格變化，也難以進行交易。另外，交易量一少，就算想要買賣 1,000 股，掛進 1,000 股買賣單後，股價也可能會因為流動性不足而出現波動。這也是交易的一項困難之處。

選擇日經平均指數中，成交量超過 30 萬股的股票交易

當沖要選交易量多的股票。至於交易量要多少？通常 1 天只要有 30 萬股以上的成交量，線圖就不會變得像 Aeria 一樣。

我們來看看軟銀集團的 5 分線圖（圖 1-15）。2021 年 10 月 5 日的成交量為 2,000 萬股。

涵蓋在日經 225（日經平均指數）或 JPX 日經 400 指數當中的績優股，交易量多半為 100 萬股，平均約為 50 萬股左右。

▶ 圖 1-15　軟銀集團　5 分線圖（2021 年 10 月 4～5 日）

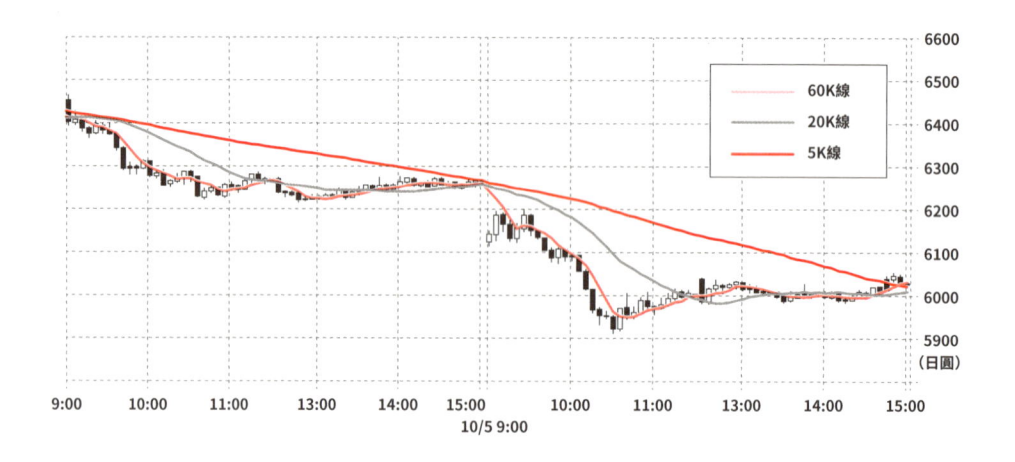

只要看看這張線圖，就會發現跟 Aeria 不同，K 線是相連的，趨勢也很明顯。這樣的股票就適合當沖。

我們再來看看廣告網路代理商 CyberAgent（4751）2021 年 10 月 4～5 日的 5 分線圖（圖 1-16）。

10 月 5 日買賣了 39 萬股。4 日的股價變動不大，即使如此，也可以把握住下午 1 點 30 分起的漲勢（箭頭①）。而 5 日的下跌（箭頭②）或上漲（箭頭③）也是可以預測並把握的股價波動。

交易量少的 Aeria，一看線圖就覺得「很難進行交易」。然而，各位不覺得像軟銀和 CyberAgent 這種帶有交易量的股票，股價變動就更容易預測，比 Aeria「容易交易」嗎？

▶ **圖 1-16　CyberAgent　5 分線圖（2021 年 10 月 4～5 日）**

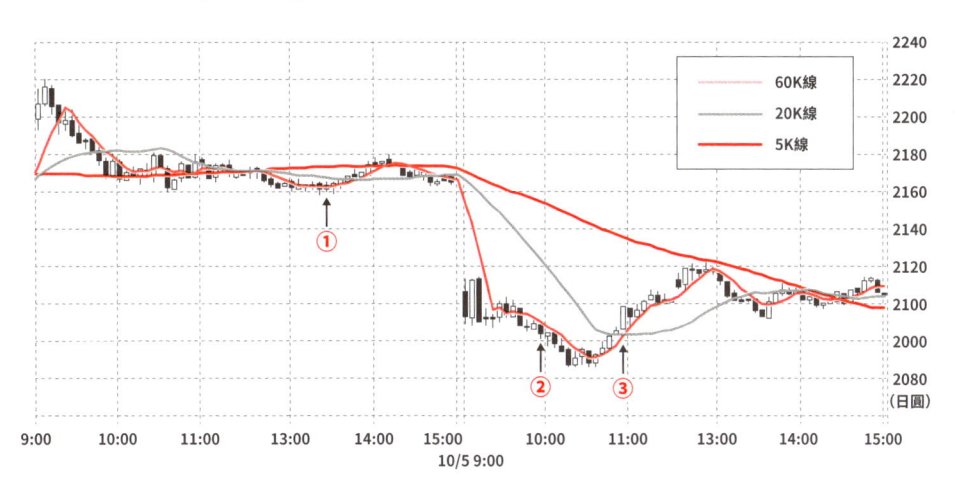

所以在選擇當沖的股票標的時,以交易量尚可為條件也不錯。這樣看來,適合當沖的股票就是日經平均指數中的成分股,買進賣空都能操作,且每日成交量在 30 萬股以上。

CHAPTER

2

以最少技術
發揮最大效用的
「基本看盤術」

01 均線能成為有力的武器

短期、中期及長期的均線會顯示股價的波動

相場流當沖會預測股價的波動再進行買賣，不僅限於當沖。要觀察線圖，判斷會上漲、下跌還是持平，再做交易。

線圖使用的是 K 線，表示實際的趨勢，從短期到長期分別為分線、日線、周線到月線。因此短期、中期及長期的交易不光要看日線，還會透過周線和月線來判斷趨勢。

話雖如此，當沖 1 小時只會買賣 1 次或 2 次。這樣的交易，看月線也沒有意義。既然是在 1 天當中做完交易，K 線就應該使用 1 分線、5 分線及 15 分線等。如果是約 4 天的交易，則可以參考日線。

在預測股價的波動時會使用均線，這是擷取一定期間的股價平均值連接起來的線圖。

均線的種類五花八門，也有分線、日線、周線、月線。**相場流交易所使用的均線當中，分線為 5K 線、20K 線、60K 線及 100K 線；日線為 5 日線、20 日線、60 日線及 100 日線；周線為 5 周線、20 周線、60 周線及 100 周線；月線為 5 月線、20 月線、60 月線及 100 月線。**

本書的當沖會使用 5K 線、20K 線及 60K 線，並配合需求使用 100K 線。4 天的當沖交易則可使用 3 日線、15 日線及 20 日線。

在此要稍微說明均線數值的相關知識。

均線當中有 5K 線、20K 線及 60K 線。假設是 5 分線圖，5K 線就是計算 5 分鐘 ×5 根 K ＝ 25 分鐘內股價平均值後連接起來的線條，20K 線就是 5 分鐘 ×20 根 K ＝ 100 分鐘、60K 線就是 5 分鐘 ×60 根 K ＝ 300 分鐘內的股價平均值連結線。

比如現在的暫定收盤價 100 日圓、5 分鐘前的收盤價 100 日圓、10 分鐘前的收盤價 102 日圓、15 分鐘前的收盤價 103 日圓，以及 20 分鐘前的收盤價 105 日圓。5K 線就是替以上數值計算平均值後的結果。

計算後答案為 100 ＋ 100 ＋ 102 ＋ 103 ＋ 105 ＝ 510 日圓，5K 線的答案就是 1／5，所以是 102 日圓。每 5 分鐘計算一次再連結起來的線圖，就是 5 分線圖當中的 5 分均線。

難以捉摸的趨勢也能靠均線判斷

均線會呈現出股價大致的趨勢。只看 K 線的話，因為有上下起伏的陰線和陽線，顯得雜亂無章，乍看之下也難以捉摸波動屬於上漲或下跌趨勢。然而，均線既沒有陰陽，也沒有這些上下起伏。

因此，**只要觀察均線的傾斜程度和排列方式，就能在某種程度上知道趨勢是上漲、下跌，還是幾乎沒有波動的持平。**

上漲趨勢當中的均線會節節上升，排列方式從上到下為短期、中期及長期。下跌趨勢當中的均線會節節下滑，排列方式從上到下為長期、中期及短期。

盤整中的 5K 線、20K 線及 60K 線幾乎沒有傾斜,可能會隨機地互相靠近或分開。

假如能以均線為線索,判斷趨勢,就可以幫助我們決定要進場、等待,還是差不多該平倉了。因此,均線能成為交易當中有力的武器。

來看看實際的情況。前面告訴過各位,股價取決於賣方和買方的拔河拉鋸。若買方強勢就會往上拉、賣方強勢就會往下拉、力道相抗衡,就不會往任何一方移動。

圖 2-1 **由下排到上為 60K 線、20K 線及 5K 線,可以預測股價呈上漲趨勢**,進而判斷「賣空有風險,假如要交易就買入進場」。

圖 2-2 **由下排到上為 5K 線、20K 線及 60K 線。雖然 5K 線短時間內上升,但整體的趨勢是下跌**。因此交易時可以建立以下策略:「趁著一時上漲的盤勢買進會很危險,要先觀望不買,開始下跌後再賣空。」

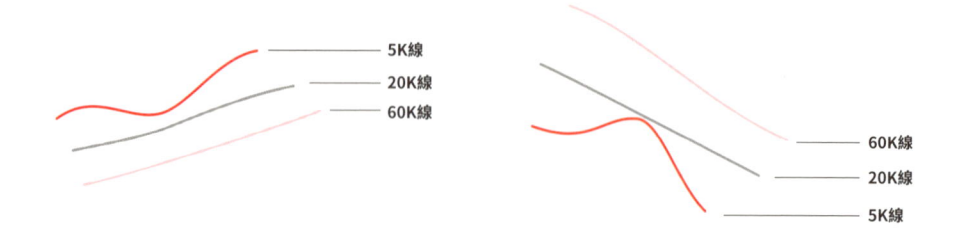

▶ 圖 2-1　上漲趨勢的均線　　　▶ 圖 2-2　下跌趨勢的均線

假如沒有這樣的均線，就無法得知整體的趨勢。有可能會像圖 2-1 一樣，明明處於上漲趨勢，卻在暫時下跌時掛進賣單後就漲，或是像圖 2-2 一樣，明明處於下跌趨勢，卻在暫時上漲時掛進買單後就跌。

所以交易時要記得觀察均線，掌握整體的趨勢。

藉由均線的起伏波動或接近程度，了解趨勢的變化

我們就以圖 2-3 的線圖，稍微說明股價的波動和策略。

Ⓐ的盤勢當中，5K 線和 20K 線有起有伏，60K 線卻在上升。此時最好的策略就是**買進**，可趁著 5K 線上升時抓住 7 或 8 根 K 線的收益。**請記住此時賣出是有風險的。**

Ⓑ的盤勢是 5K 線跌破 60K 線，最好要判讀為：接下來的上漲趨

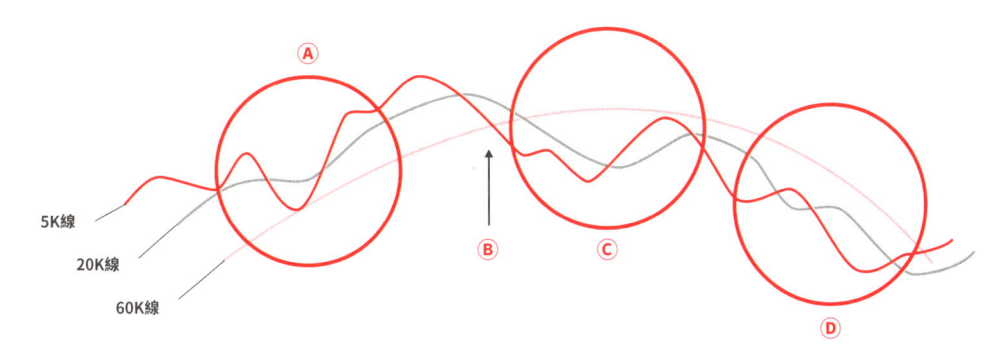

▶ 圖 2-3

勢偏弱。如此看來，此時掛進買單可說是非常危險。

爾後的Ⓒ盤勢當中，上漲趨勢減弱，60K 線持平。以整體的趨勢來看，正在停止漲幅，屬於從上漲轉為下跌趨勢的過渡期。**這樣的盤勢容易劇烈震盪，最好不要頻繁交易**。假如要交易，就趁 5K 線上升時掛進買單，抓住 1 根或 2 根 K 線獲益就平倉。這時候應該專注於超短期的當沖策略。

看看Ⓓ的盤勢就會發現，5K 線結束暫時的上升狀態，最後均線由上往下排就變成 60K 線、20K 線及 5K 線。原本由上往下為短期、中期及長期均線的排列方式，逆轉為長期、中期及短期。於是就能判斷股價進入下跌趨勢，建立賣出的策略。

這樣的均線準確顯示出這樣的股價波動：「**即使在上漲趨勢時，也會有短期的上下波動。上漲趨勢結束後就會變成盤整，爾後進入下跌趨勢。即使在下跌趨勢時，股價也會起伏，進入再次邁向上漲趨勢的過渡期。**」

藉由交易了解均線的波動，再巧妙利用這些波動，提高利潤。因此，首先要確實理解均線的走勢，並能夠自行解釋這些變化。這樣一來，未來的交易就能更得心應手。

我們再看一次前面那張圖，接著來衡量一下 60K 線的波動。

60K 線緩慢上升，持平後下滑。假如加上 20K 線，就會看到 20K 線在緩慢上升的 60K 線上方不斷起伏，最後跌破 60K 線，趨勢出現變化。然而，接下來沒有馬上形成下跌趨勢，而是形成持平，顯示上升趨勢已經結束。

表示下跌趨勢的均線由上往下為 60K 線、20K 線及 5K 線，但在圖中，最後 5K 線朝上，穿過 20K 線和 60K 線。接著 20K 線也快要穿過 60K 線，盤勢來到從下跌變化成上漲的過渡期。另外，雖然還不能斷言盤勢轉為上漲，但先前的下跌趨勢已可以說是正在結束。

均線的位置會經常發生變動。當沖時，僅僅 5 分鐘或 10 分鐘，均線的位置就會改變，趨勢也會更迭。必須讀懂這些波動再判斷是否買賣。所以請各位記得，假如看到某張圖時不能立刻判斷盤勢，就無法進行交易。

雖然也有人不用均線，一但習慣它之後，沒了它就很難交易。均線就是那麼有用的武器。

從均線判斷趨勢，建立策略

交易的關鍵在於，要根據均線的變化，預測你正在考慮交易的股票目前處於上漲趨勢、下跌趨勢還是過渡期，藉此幫助你判斷該買、該賣，還是靜觀其變，以及什麼時候要平倉。

要記得，假如是過渡期的話，就不知道股價將來會往上還是往下走，這是非常難以預測的局面，要盡量在短時間內平倉交易。

若能判斷是上漲趨勢，就思考買進的策略。在上漲趨勢當中也會有起伏，要觀察 5K 線的波動，趁著從下滑轉為上升時進場。

若能判斷是下跌趨勢，就思考要在哪裡賣出。假如長期、中期均線在下滑的過程中，只有 5K 線開始上升，則多半只是暫時的，要等到上升結束，確定回跌之後再掛進賣單。

只要像這樣使用均線，就可以輕易建立策略，判斷買賣、平倉，還是要觀望。

藉由美元／日圓的線圖，判讀 5K 線和 20K 線的波動

圖 2-4 是美元／日圓在 2021 年 10 月 5 日上午 9 點 55 分～下午 6 點 40 分的 5 分線圖。

均線為 100K 線、60K 線、20K 線及 5K 線。我們來使用這張線圖，從均線判讀美元／日圓的波動。

處於上漲趨勢時，均線從下而上依序為 100K 線、60K 線、20K 線及 5K 線。

▶ **圖 2-4　美元／日圓　5 分線圖（2021 年 10 月 5 日）**

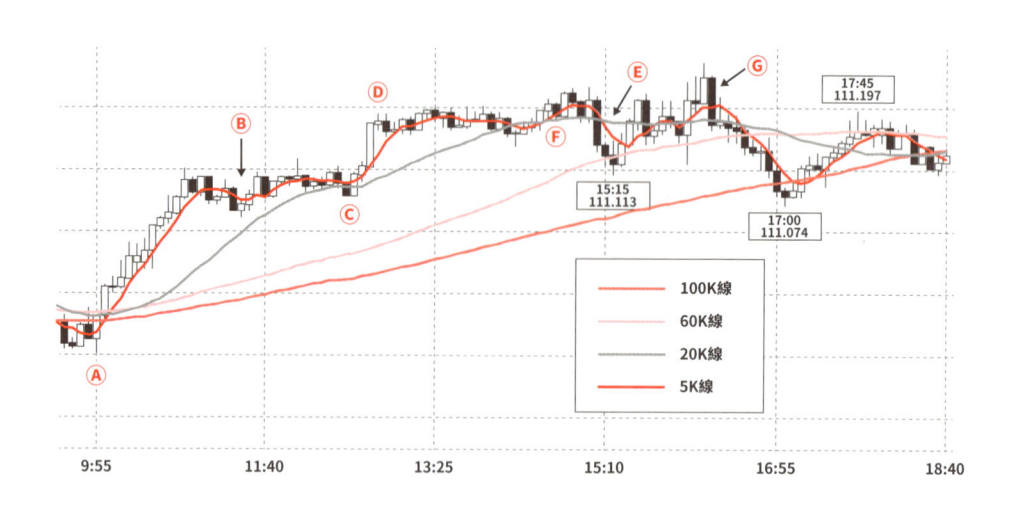

請看看大約上午 9 點 55 分的部分（Ⓐ）。當時處於趨勢不明的狀態，搞不清楚均線是上升還是下滑。假如要從這裡轉為上升，短期的 5K 線就需要來到中期和長期的上方。5K 線的力道看起來很強勁。上午 10 點左右，5K 線已超過 100K 線、60K 線、20K 線。接著上漲趨勢就開始了。

過了上午 11 點，5K 線處於有點下滑的局面（Ⓑ）。均線的排列從下到上又變為 100K 線、60K 線及 20K 線，而 5K 線則位在這些均線的上方遠處。接著，就算 5K 線的趨勢往下走，也不太會直接下跌，反倒該認為**下跌是暫時現象，還會再回歸上升**。如果看到這段下跌就進行賣空操作，應該在短期內結束交易。與其冒險賣空，不如**觀望不操作，風險會更小一些**。

過了中午 12 點，5K 線和 20K 線逐漸靠近（Ⓒ），可能是因為一時性的拋售。然而，均線的排列從下到上仍是 100K 線、60K 線及 20K 線，維持上漲趨勢。所以，能夠判斷這個盤勢暫時下跌後再回歸上漲的可能性比較高。

下午 1 點，雖然如預期般回歸上升（Ⓓ），K 線卻是並排。這個情況下，價格會是重要的關鍵指標。當時價格為 111 日圓 20 錢，K 線的頭部停滯於此。雖然 5K 線和 20K 線再度相黏，價格再度上漲，卻停在 111 日圓 20 錢的附近，接著 5K 線就進入 20K 線的下方（Ⓔ）。在這個盤勢下，便可以判斷上漲趨勢在減弱。

我們從頭開始追蹤一下 5K 線的波動。5K 線先是上升，然後稍微下滑，雖然快要接觸到 20K 線，卻再次上升。然而 5K 線沒有超過 111 日圓 20 錢附近，而是在並排之後，降到 20K 線下方。雖然這裡

的 5K 線也努力跑到 20K 線上方，卻馬上跌破 20K 線。這個波動表示買賣處於抗衡的狀態。

請回想前面圖 2-4 的均線。這有可能屬於過渡期，接下來不曉得會往上還是往下走。

現在請看看 20K 線的波動。一直朝上的走勢到了Ⓕ附近就開始持平。這意味著過去 20 根 5 分線的平均值不斷節節上升後，就逐漸漲不動了。

觀察 K 線會發現已經觸頂，下跌後的反彈已到了極限。雖然下跌之後又上漲了 1 次，但最後還是下跌了（Ⓖ）。

接著請注意從Ⓕ一帶出發的 5K 線並沒有爬到最高點。以拔河來說，就是至今的買進力道強勁，將股價往上拉，但是賣出力道也跟著增強，所以就往下拉。接著買方再次拉扯，讓股價稍微恢復，結果卻又被賣方再次拉回去。買賣雙方的力道相抗衡，以拔河來說就是相當接近靜止狀態。最後賣出力道增強，5K 線逐漸下滑。

再看看下午 5 點的均線，位在最上方的 5K 線跌到 100K 線處。要是跌到這裡，操盤手會覺得差不多該上漲而買進，使得股價稍微提升。然而上漲的勢頭已經疲弱，沒有走到原本的高處（下午 5 點 45 分），又再次下跌。

以上就是判讀這張線圖的方法。

波動複雜的過渡期要觀望，不做交易

再來要用同一張線圖，嘗試依照線圖的波動來交易（圖 2-5）。

▶ 圖 2-5　美元／日圓　5分線圖（2021年10月5日）

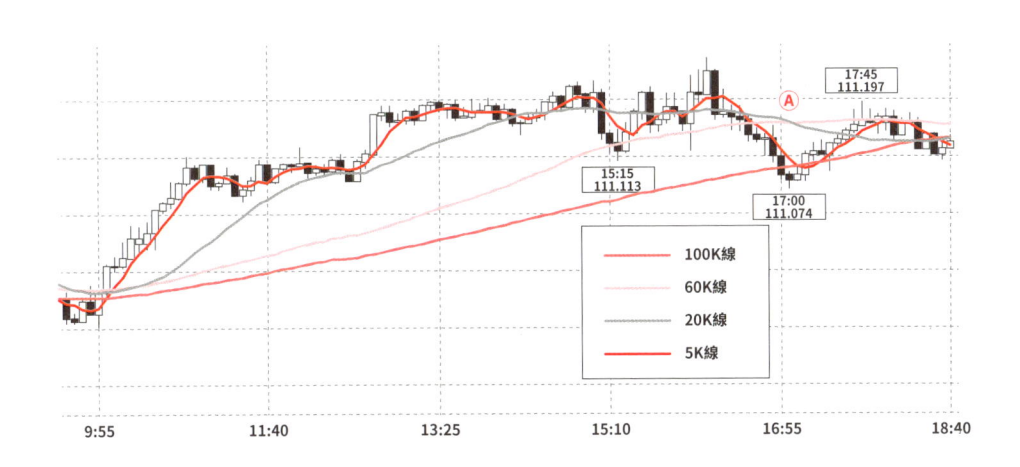

剛開始上漲時，買進比賣出的勝率要高，當上漲趨勢剛開始，就會判斷可以買入進場。

然後是過渡期。過渡期就像春天或秋天時晴時雨般多變，有時會先上漲後下跌，有時則會先上漲再轉弱一次，進入過渡期後再上漲。**因此過渡期很不穩定，非常難進行交易。** 高階者比初學者更適合在這個盤勢下交易。不過，熟練的老鳥或許會觀望這種不穩定的盤勢，尋找更容易交易的情況再買賣。

假如在過渡期之後形成下跌（Ⓐ），事後可以清楚判斷是下跌趨勢，**但股價正在波動時，卻很難判斷是否進入下跌趨勢。** 這是因為100K線和60K線呈現上升。

顯示會下跌的均線由上排到下應為100K線、60K線、20K線及5K線。但在這個盤勢中，5K線和20K線疲弱、60K線仍位於100K

線上方且傾斜方向朝上，還不曉得這場拔河賽會偏往哪邊。若要抓住這波下跌的利多消息，需要當心價格的極限。

這波下跌之後，暫時上漲又下跌的盤勢也很難操作。均線互相糾結，100K線、60K線、20K線及5K線的平均值大致相同，就代表波動在逐漸消失。不過即使波動平緩，美元／日圓仍舊此消彼長。

以拔河來說，大多數情況都是在**靜止後大幅往其中一邊移動**。美元／日圓的動向也一樣，可以想像將來大幅波動的場面。

盯緊上漲盤勢中均線的傾斜角度再交易

圖 2-6 是美元／日圓在同一天上午 5 點 50 分～ 11 點的 5 分線圖。即使是同一天，早晨和傍晚的趨勢也有所差異。從這張圖就看得

▶ **圖 2-6　美元／日圓　5 分線圖（2021 年 10 月 5 日）**

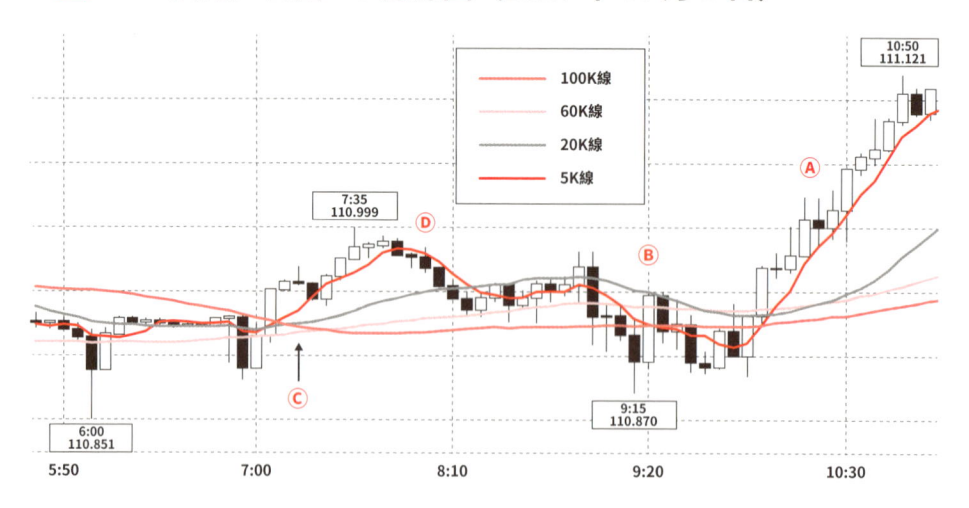

出來。

　　最簡單易懂的趨勢是上午 10 點以後的上漲盤勢（Ⓐ）。從下排到上為 100K 線、60K 線、20K 線及 5K 線。這種排列方式意味著過去 100 根 5 分線的平均值低於 60 根的平均值，60 根的平均值遠低於 20 根的平均值，20 根的平均值則又比 5 根的平均值還低，尤其是 5K 線的上升斜度最陡。

　　過去的波動是緩慢的，不久後的波動卻顯示出上漲的勢頭正旺，所以當均線這樣排列時就要採取買進策略。

　　稍微回頭談談上午 9 點 20 分這一帶，均線互相糾結，以拔河來說就是左右來來回回（Ⓑ）。因為狀況瞬息萬變，所以會買了就跌，賣了就漲，最好不要交易。

　　之前的均線也相互靠近並持平，不管是 100K 線、60K 線、20K 線、5K 線也好，都沒有上升。以均線的順序來說，100K 線和 60K 線的上方是 5K 線。看似強勢，實則還要注意到 5K 線的上方是 20K 線，也就是盤勢並不穩定。**在這樣的情況下進行交易，可能會以失敗收場居多，不僅耗費資金和時間，還可能無法獲得預期的收益。**

　　上午 7 點時均線正在集中，可以說是拔河拉鋸戰，不曉得這裡會上漲還下跌。均線會暫時往上拉，處於上漲趨勢當中（Ⓒ）。

　　不過，請各位看看均線。與Ⓐ這樣淺顯易懂的上漲相比，Ⓒ這裡均線的傾斜角度就有所不同。100K 線和 60K 線近乎持平，20K 線和 5K 線的角度則是和緩。所以雖然暫時上漲，卻有可能往反方向偏。

因此，**當均線的角度像這樣緩慢上升時，最好盡早平倉**。或許可以把握上午 7 點 35 分暫時上升後的下跌（Ⓓ）來操作。

從這張線圖可以得知：**混沌的過渡期之後，趨勢會逐漸變化成上漲或下跌**。而大幅上漲或下跌之前，均線會集中，等買賣其中一方精疲力盡後，趨勢就會改變。

從上午 6 點到 7 點之間的盤勢一直不斷持平，幾乎沒有波動。由於這段時間的走勢不穩定，最好觀望不做交易。

總結來說，**只要能夠像這樣觀察過去的線圖並解釋狀況，懂得明確判斷該進場還是該觀望，均線就能成為獲得利潤的有力武器**。請各位反覆練習如何判讀均線，直到臻至那樣的境界為止。

02 只須充分熟練 4個技巧就能獲利

就算學習許多技巧，不夠深入也無法獲利

我們的時間和能力都有限，沒辦法一次做很多事。比如想學點什麼，因此買了5、6本書，之後看到書名不錯的又繼續買。結果每本書都只看了前面10頁，沒有讀到最後就堆放在一旁。想必很多人都是這樣吧？

與其這樣，還不如購買覺得「好像很有趣」的書，認真讀完它。如果想再稍微深入了解，就重新閱讀、想理解得更透徹，就再看一次，這樣更能夠詳細知道那本書的內容。尤其是股票投資相關的書籍，往往需要反覆閱讀才能真正理解。有時候需要閱讀3次或4次，又或是將某個部分閱讀5次。哪怕只有短短5頁，有時也要花1個星期才能明白。

同樣地，<u>假如想在短時間內記住各種技巧，這也記、那也記，往往就會流於表面淺層，沒有一個技巧能夠完整學會</u>。就算自以為明白也只是「裝懂」。這樣的技巧就算有10個、20個，實際投資股票時也派不上用場，反而只會導致虧損擴大。

投資菜鳥要學習的 4 個技巧

那麼剛開始該學習什麼樣的技巧呢？

我想推薦以下 4 個技巧。後面會再仔細解說，首先分別簡單說明。

(A) 利用均線的「排序和突破」

這個方法是在 K 線排列處往上或往下突破時進行交易。假如均線排列的方式清楚顯示會上漲或會下跌，成功率就會提高。

(B) 使用均線來「決定不要出手」

很難判斷不進場的時機。有時不慎出手而落敗，過去的利潤就化為烏有。所以懂得判斷不該出手的技巧是相當重要的。

(C) 「W 底」

當股價下跌後止跌一次，稍微上漲後又再次下跌時，假如止跌的股價在之前的最低點附近，或是高於、稍微低於之前的最低點，基本上大多會停在這個價格。這項技巧就是利用這一點來交易。

(D) 「以 K 線根數設立停利停損點」

交易之後需要決定在哪裡平倉，這個方法就是以 K 線根數決定操作範圍。比如要是排了 4 根、8 根或 9 根 K 線，就可以從當時的市場狀況明白：別緊追不捨，該獲利了結。

光是使用這 4 個技巧，就能夠獲得足夠的利潤。要專心學習這些

技巧、觀察大量的線圖，並徹底記住。如果試圖學習過多的技巧，知什麼都只學了一點點，即使正式上場也只會覺得混亂，不知道「現在要套用哪個技巧。但只要學會了這4招，應該就不會那麼混亂。

關鍵在於「分段」不貪多

開始當沖後，最好要馬上執行「分段」策略，不要貪多。

「分段」策略是取得某種程度的利潤後就平倉，再進場反覆操作下去。例如，若是持有股票時間過長，最初在4根K線內可能有所獲利，但之後就會持平，慢慢下跌，有時等回過神來利潤就沒了。

所以交易時要分段把握，這樣也足以獲得相當的利潤。

當沖是短時間交易，股價不太可能上下大幅震動。1天當中幾乎不會在掛進賣空單後卻大幅上漲、掛進買單後卻大幅下跌。另外，交易會在1～4天內完結，因此優點是**就算失敗也不會造成龐大的損失**。若像這樣**分段把握，每個月也可能提升**100萬日圓的利潤。

剛開始最好是反覆分段交易不貪多，累積經驗，等到能夠判讀「這裡還能繼續」的時候，再將每次分段的期間拉長。

首先要理解，掌握這4個技巧並分段獲利，才是進步之道。那麼，接著就來具體說明這些技巧。

（A）利用均線的「排序和突破」

　　圖 2-7 的線圖為 5 分線，均線由下排到上為 100K 線、60K 線、20K 線及 5K 線。這種順序基本上屬於上漲趨勢。上升中的 5 分線有 6 根幾乎為並排，意味著價格在相同區間內停留了約 30 分鐘。買賣雙方可說是相互抗衡。5 分鐘後，股價向上突破（Ⓐ）。

　　這就表示出現了價高也想買的人，想要高價賣出的人則會出手，買賣以此成立。據此可以判斷股價很可能上漲。所以要觀察突破的地方，再於下一根 K 線買入進場。

　　要在突破的 K 線（Ⓐ）掛進買單很難。就算可從均線的順序預

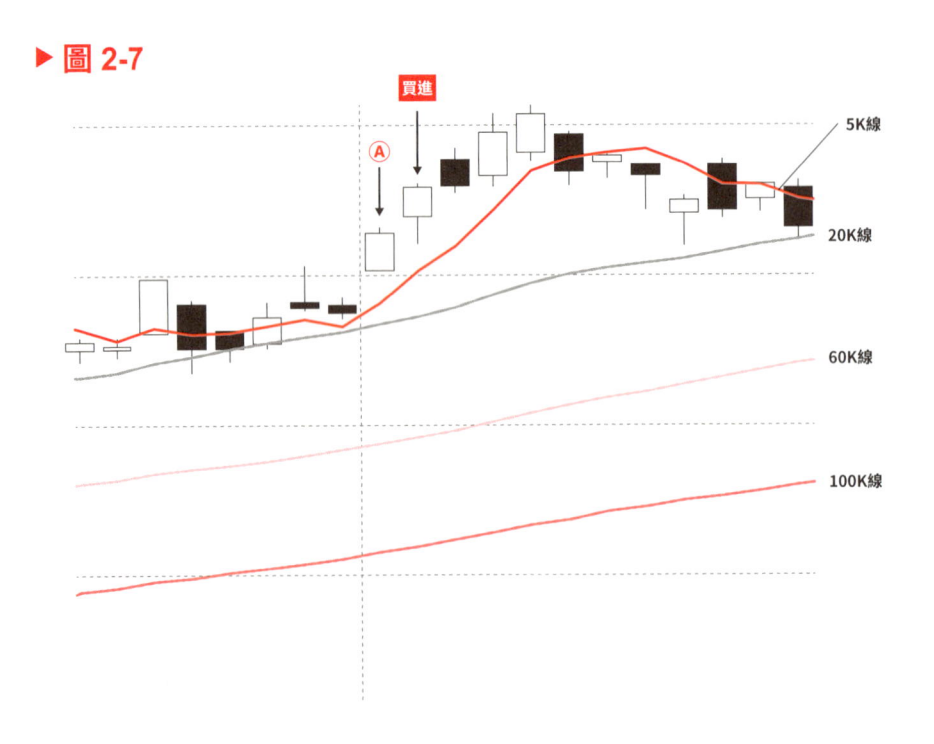

▶ 圖 2-7

測出總會向上突破，但有時候也會出現下跌。所以要確定完全突破後再買進。記得要選在陽線突破的 5 分線形成後不久時，或是在下根 K 線時掛進買單。

圖 2-8 的線圖也是 5 分線。

看看均線，剛開始由下排到上為 100K 線、60K 線、20K 線及 5K 線。5K 線位在 20K 線的下方，但在 100K 線和 60K 線的排序中，空出了更大的間隔，所以能夠判斷為上漲趨勢。

線圖上排了 5 根 5 分線，且豎了根上影線很長的陽線，接著 5K 線就突破 20K 線。這表示 25 分鐘內股價在同樣的價格帶變化，卻出現想以高價買進的投資客。從這裡就**可以預測將會迎來飆漲的局面，**

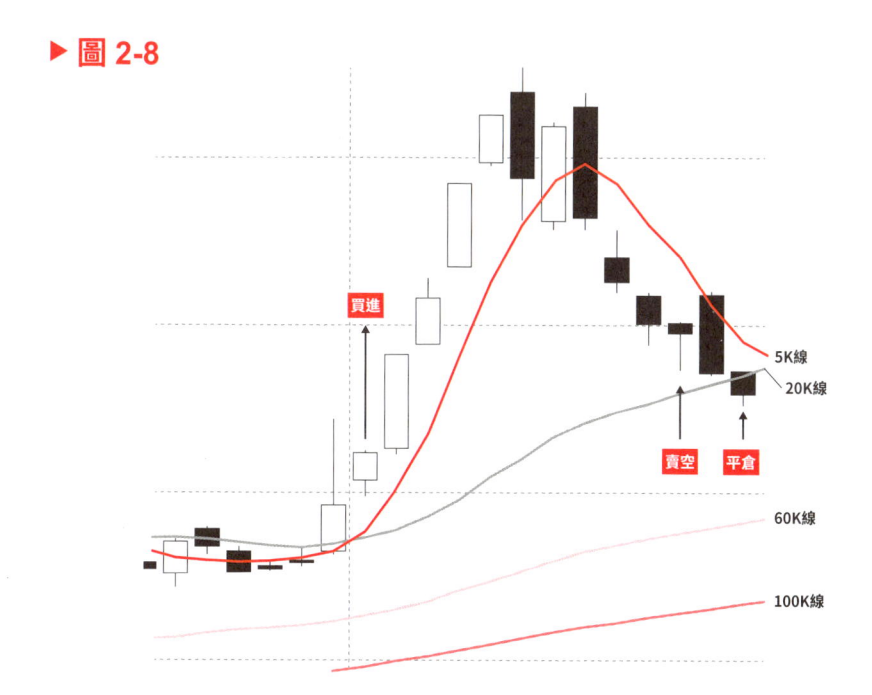

▶ 圖 2-8

所以要在下一根 5 分線開始時掛進買單。這一節是在解釋「排序和突破」，因此先省略了平倉的部分。

下一個盤勢雖然持續上漲，卻進入盤整狀態。4 根 5 分線在 20 分鐘內於同樣的價格帶進行交易。陰線和陽線在這裡交替出現，表示有人想高價賣出，卻沒有投資客要買；有人想低價買進，卻沒有投資客要賣，以上的情況在這 5 分鐘內不斷交替。

然而，假如出現便宜也想賣的投資客，還出現買家，以至於買賣成立，上漲初期買進的人就會趁著有利可圖時嘗試賣出。雖然均線的順序顯示股價會上漲，讓人以為買方力道還很強，卻可以判斷並排的 K 線將會往下突破，而且會在大幅上升後出現拋售。看到 K 線並排在最高點後就要掛進賣空單。這部分之後也會和平倉一併說明。

假如判斷這是上漲趨勢中短暫的下跌而賣出時，最好不要持倉太久。因此，要在 K 線跌破 20K 線的下方時平倉。

（B）使用均線來「決定不要出手」

圖 2-9 是 5 分線圖，均線由上而下依序為 100K 線、60K 線、20K 線及 5K 線，股價基本上處於下跌。

不過，就算 100K 線和 60K 線離很遠，20K 線和 5K 線卻很接近。這表示過去 5 根 K 線（5 分鐘×5 根）＝ 25 分鐘的股價平均值，與過去 20 根 K 線（5 分鐘×20 根）＝ 100 分鐘的股價平均值幾乎相同。換句話說，就是**股價幾乎沒有變動**。8 根 K 線並排的 40 分鐘內，稍微有人買就上漲，稍微有人賣就下跌，像這樣不斷重複（Ⓐ）。以拔

▶ 圖 2-9

河來說就是左右五五波,買賣雙方的力道處於相抗衡的狀態。所以才會追高買進後下跌,殺低賣出後上漲。就算在這種波動不穩的盤勢中買賣,提升利潤的機率也很少,可以說是浪費時間。

因此,**當盤勢中的均線靠很近、K線並排時,最好的決定就是「不要出手」**。接著,要確定 K 線並排後往下突破,再掛進賣空單。

或許會有人認為,因為均線顯示下跌,所以只要在股價持平時掛進賣空單,等待下跌就好。然而,要是長期持續持平,接下來換 60K 線和 20K 線靠近,再來連 100K 線也靠過來,最後就可能轉而上升。**持平之後的波動很難預測**,所以這時不要出手,確定波動下滑後再進場會比較安全。

CHAPTER 2 以最少技術發揮最大效用的「基本看盤術」 59

接下來的圖 2-10 也是 5 分線的線圖。均線為 100K 線、60K 線、20K 線及 5K 線，卻交相混雜。

當 K 線在 100K 線和 60K 線之間時，股價往往就會發生劇烈震盪。Ⓐ的盤勢當中，5K 線和 60K 線很近。那就表示過去 5 根＝ 25 分鐘的股價平均值，與過去 60 根＝ 300 分鐘的股價平均值幾乎相同。股價在這麼狹窄的範圍內不斷起伏，利潤也難以提高。在這樣的盤勢下，最好也要觀望不做交易。

另外，要是 20K 線和 5K 線在 100K 線和 60K 線之間時，股價就會反覆稍微上漲和下跌（Ⓑ）。尤其是看見 5K 線和 20K 線接近，而且 K 線持平的情況下，就不會形成明顯的上漲或下跌趨勢。持平後可能會往上或往下突破，這時**難以預測會怎麼波動，所以最好不要出手**。

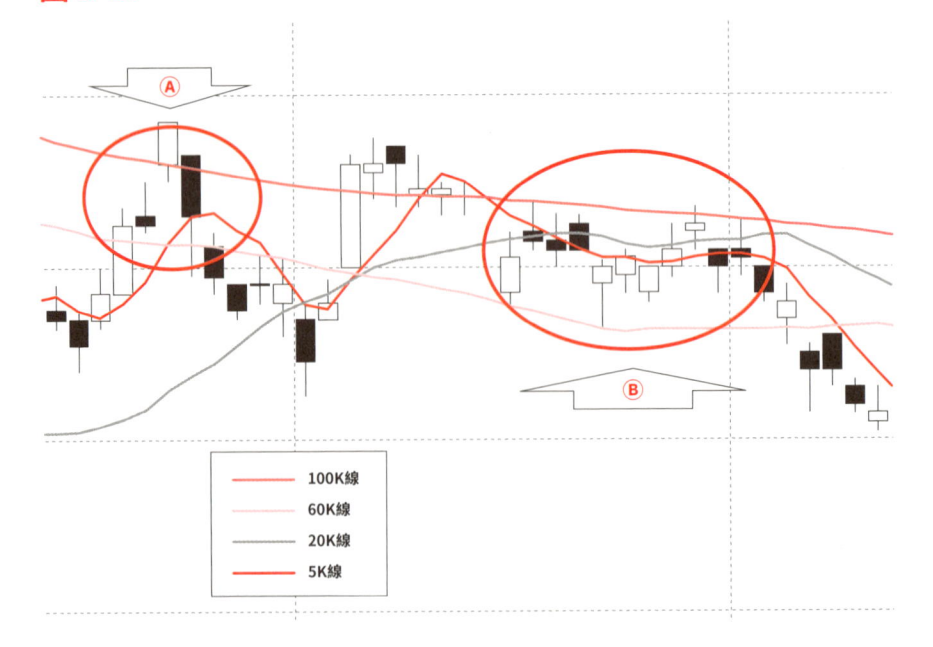

▶ 圖 2-10

| 100K線 |
| 60K線 |
| 20K線 |
| 5K線 |

證券公司等機構提供的線圖當中，有的雖然會顯示 60K 線，卻不會出現 100K 線。這時就要留意當 5K 線和 20K 線接近時，股價也會每隔一會就劇烈震盪，最好的決定就是「觀望」。

（C）「W 底」

盤勢雖然在持續下跌後止跌，又稍微上升，卻沒有一口氣漲上去，而是下跌，再一次跌到幾乎相同的價格才上漲。假如第 2 次下跌沒有降到之前的最低點，而是開始回升時，就可以認為是止跌的狀況。由於下跌 2 次正好形成 W 狀，所以稱為「W 底」（圖 2-11）。

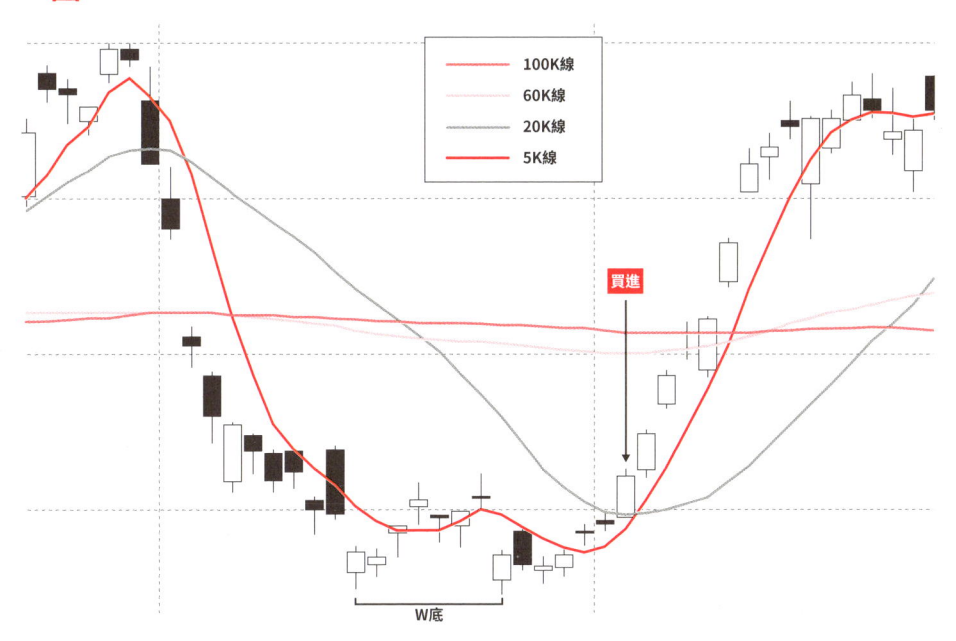

▶ 圖 2-11

W底表示沒有人願意再以更低的價格賣出股票，因此在某種程度上可以安心買進。雖然有時會形成3次底部，卻沒有人以更便宜的價格賣出。請把W底當成可以買進的訊號。

（D）「以K線根數設定停利停損點」

交易之後必須要在某個地方平倉，不妨以K線的根數來決定出場時機。

下一張線圖（圖2-12）的均線正在下滑。繼Ⓐ的陽線之後出現陰線，並向下突破。在這種情況下，要使用「排序和突破」的技巧，確定陰線之後是下跌才掛進賣空單。

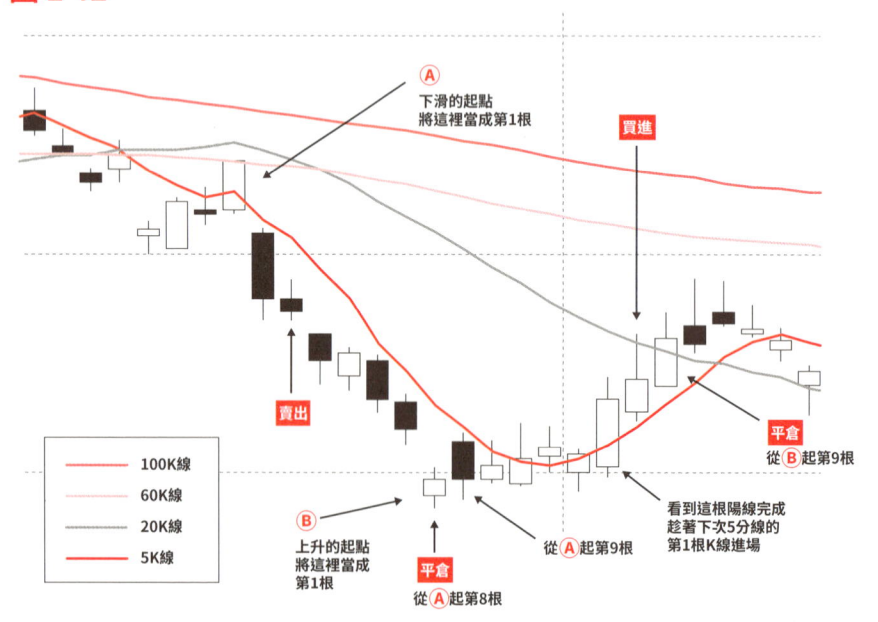

▶ 圖 2-12

股票要持有多久？要是持倉太久，開始上漲後才平倉，利潤就會減少。這種時候就要發揮「以 K 線根數設定停利停損點」的技巧。

該從哪裡數起呢？把最前端開始下滑的 K 線當成第 1 根。這張線圖當中，Ⓐ的陽線後面就持續下跌，所以要從Ⓐ處開始計算。根據過去的經驗法則，**要以第 9 根為極限範圍**。第 9 根 K 線在 5 分線上是 45 分鐘。只要選在那個時間持續賣出，應該也會出現一些想買的人。

另外，假如續跌到第 8 根 K 線時出現陽線，也能選在此時收尾。**即使原本計畫在第 9 根 K 線時結束，但在第 8 根出現陽線後平倉也是可以的。**

股價在Ⓑ處觸底後上漲。先是在底點附近盤整，再突破該處豎立大陽線（長紅 K 線）。雖然均線表示股價下滑，但因突破盤整，所以考慮買在繼大陽線後的下一根 K 線也不錯。

買進後，要從頭數到 K 線第 9 根再平倉。上升的起點是Ⓑ的陽線。即使持平，收盤價也在上漲，要把這裡算成起點。後來雖然買在第 8 根，但買進後的下一根陽線是第 9 根，所以這裡就要平倉。

下頁圖 2-13 的線圖是 100K 線位在 60K 線和 20K 線的上方，盤勢不確定是否還會上漲。雖然從上排到下為 5K 線、20K 線及 60K 線，表示會上漲，但是 100K 線並沒有來到最下方。

當 60K 線接近並超過 100K 線時，均線的排列轉為上漲順序。在這之前都不要出手，**而是要在突破並排之後的陽線掛進買單。**

沒有出現 100K 線的線圖當中，由上往下排依序為 5K 線、20K 線及 60K 線。雖然均線顯示會上升，結果卻下滑（Ⓐ）。這時就不要出手，等突破盤整後再買進。

▶ 圖 2-13

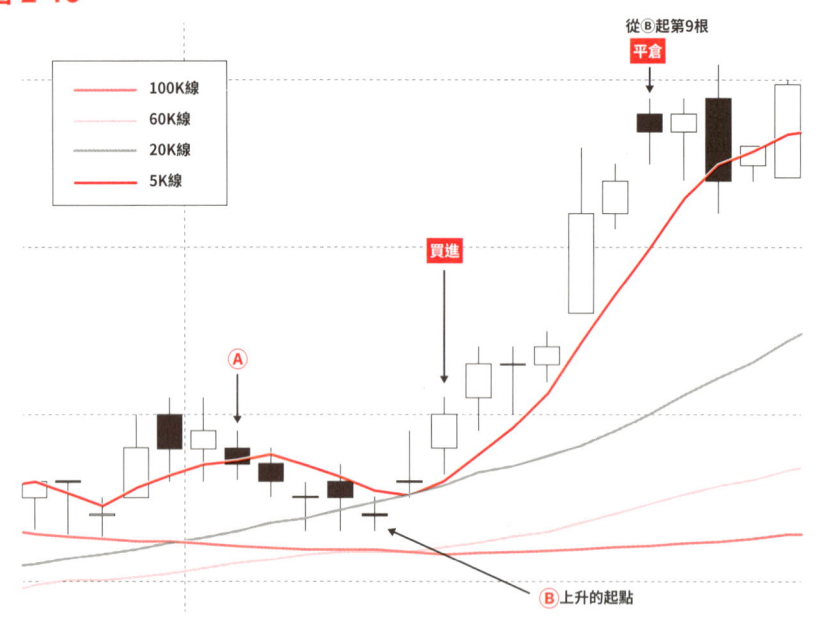

而平倉要算到第 9 根。上升的起點是Ⓑ，把這裡當成第 1 根，再於**第 9 根的陰線平倉**。

請各位以成為職人或專家的心態，學會以上說明的 4 個技巧。我們要將這裡學過的東西，套用在各種股票的不同時期線圖上，再衡量一下情況。當然，過程當中可能會碰壁，但要鍥而不捨地嘗試思考，不要覺得「相場流方法怪怪的」、「自己做不來」。等熟練之後再慢慢記住不同的技巧。像這樣專心練習才會早日進步，同時，請務必謹記要以安全為首，採用穩健的「分段交易」策略。

相場專欄

為了變成高手，
要了解勝利的機率

失敗必然發生，總體績效獲利就好

　　想要精通交易，就要記得先了解勝利的機率，也就是勝率。「勝率97%」、「全勝」就不用想了，尤其是當沖更不可能準確掌握趨勢，所以請先認定這種高勝率是天方夜譚。假如出現這樣的廣告，一律先懷疑就對了。

　　看看做波段交易或抓住市場周期時使用的月線圖，假如過去幾個月均線並排到最後，出現往上或往下突破的盤勢，就可以準確預測是上漲或下跌趨勢。

　　然而，以當沖所使用的5分線圖來說，就算6根5分K線的30分鐘持平之後往上或往下突破，也很難輕易判斷接下來會形成如何的確定趨勢。許多盤勢原以為會上漲，卻馬上轉為下跌後又再次上漲，形成這種小幅的波動。

　　當沖正是要掌握這種小幅上漲和下跌的不穩定趨勢來交易。有時會屢屢失敗，有時則會僥倖連勝。

要是對此沒有自覺,就會在3連敗之後心灰意冷,認為自己做不到,已經不行了;反之則會在10連勝之後驕傲自大,認為自己是天才,決定下次投入大筆籌碼,將資金提高到平常的4倍,卻慘遭失敗。

當沖不比日線、周線及月線,未必能準確掌握趨勢。所以很難變成戰績輝煌的「常勝軍」,偶爾落敗是兵家常事。

為了消除不安,要了解自己的勝率

就算知道偶爾會落敗,實際投入金錢卻虧損時還是會不安,懷疑「總體績效上的虧損拿得回來嗎」、「能夠獲利嗎」。即使虧損,只要透過學習訓練,就可以在總體績效上獲利。不過,為了消除這種不安,就要事先了解自己的勝率和採用的技巧是否管用。

知道勝率之後,即使虧損也能確定「這點錢賺得回來」。為了了解自己的勝率,就要在實際交易前,使用過去的5分線、1分線、他分線,又或是1～4天的日線圖模擬操盤。

首先可以把線圖列印出來,或是複製到電腦上。然後使用第2章學過的4個技巧:排序和突破、決定不要出手、「W底」及以K線根數設定停利停損點,同時進行模擬交易。

假如是分線線圖,就要找出「這裡可以使用排序和突破」、「這裡不能出手」、「這裡是W底」,標上覺得可以進場買賣的記號,再追蹤K線的波動。雖然要在第9根K線出場,若中途插了1根或2根陰線,或是K線突破短期均線,就要研究是否該平倉,要是出場

了就做個記號。

　　模擬交易時要大量使用線圖,像是今天的線圖、昨天的線圖,或是更久以前的線圖等。重疊之後就會有所發現,像是「這個盤勢的勝率為 8 成或 7 成」,或是「假如察覺到這樣的地方,勝率就會是 85% 左右」等。

　　即使是日線圖也要模擬交易一下。假如日線在排序和突破後上升,就可以預測這個上漲趨勢會持續一陣子,也可以在往上突破的第 2 天買進,持倉 3 ～ 4 天。

　　另外,當沖也可以使用日線圖,藉此建立策略。比如若能判斷隔天排序和突破後是上漲趨勢,就可以預期力道強烈,那當天就以買進為主;反過來說,若能判斷是往下突破的下跌趨勢,則要以賣出決勝負。

　　像這樣用許多線圖模擬交易後,就會知道自己的勝率。即使後來失敗,也能了解不會輸超過一半,便能接受挫折、保持信心。

　　無論如何,都要記得了解勝率以求精進。接下來就可以預測 1 個月的總體績效上不會虧損、甚至 1 年的總體績效能大有斬獲。

　　要是沒有求證勝率就交易,就會感到不安。「投資有賺有賠,萬一陷入失敗該怎麼辦……」一旦這份不安擴大,就無法冷靜判斷,導致該實際投入資金時沒能投入,或是在不該出手的盤勢上交易。

　　為了保持操盤手應有的穩健心智,最好也要做模擬交易,事先了解勝率,也能有所學習或得到教訓。

也要了解自己擅長和棘手的盤勢

　　模擬交易也一樣，剛開始既花時間，又常常看走眼。但在反覆多次操作後會熟能生巧，不僅時間能縮短，精確度也可以提升。

　　假如再繼續做模擬交易，還會知道自己特別擅長和棘手的盤勢，這樣就可以配合自己的能力交易。特別擅長的盤勢就投入多一點資金，容易失敗的盤勢則不要出手，比較安全。只要做過模擬交易，就會知道盤勢為排序突破或 W 底時，自己可能不擅長操作，而藉此判斷「不要出手」。

　　各位進行模擬交易時，也請務必計算利潤。假如能夠交易得當，或許可以月入 10 萬日圓、15 萬日圓，或甚至會變成月入 30 萬日圓。

　　另外，以模擬交易的方式追蹤線圖後，相信各位會想出各式各樣的操作法。比如不要每天當沖，星期一和星期三要休息；白天工作時不能看線圖，就考慮進行為期 1～4 天的中短期交易；或是以商品期貨的 5 分線當沖等。

CHAPTER

3

以最低風險累積暴利的「買進賣出」技巧

01 買賣與平倉的時機

開市30分鐘要觀望不交易

本章使用線圖來解釋適合進行買賣的時機、不宜操作的時機,以及應該平倉的時機。

第1張線圖是2021年7月6日網路廣告代理商CyberAgent（4751）的5分線圖（圖3-1）。

▶ 圖3-1　CyberAgent　5分線圖（2021年7月6日）

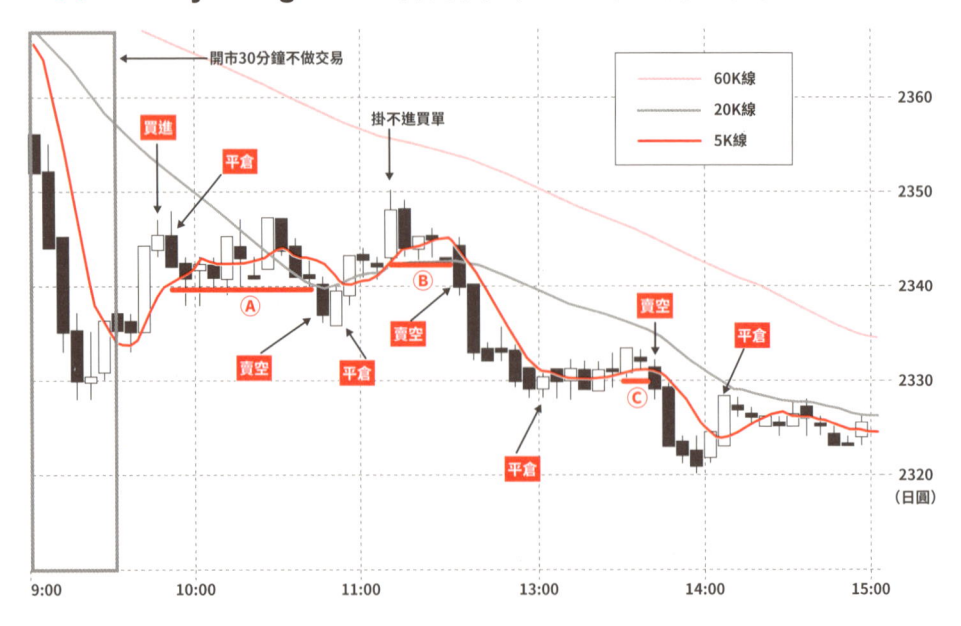

不只這檔股票，**任何股票在開市 30 分鐘內都不要交易**。上午 9 點到 9 點 30 分的股價波動不穩，常常突然下跌、突然上漲或劇烈震盪。如果波動是有原因或預兆的話，或許還有應對的方法，但如果早上一開始就毫無預兆地劇烈波動，則無法制定對應策略。因此，開市 30 分鐘內最好什麼也別做。

線圖跌到 9 點 20 分為止，爾後就上升、持平，再往上突破。這個情境相當於 4 個技巧當中的「排序和突破」，所以要檢視有沒有大陽線，再於下一個 5 分線的開頭買進。

這裡雖然是在大陽線的下一個 5 分線開頭買進，不過接下來出現了陰線，所以要平倉。儘管這次平倉出現些微的損失，但均線從上排到下為 60K 線、20K 線及 5K 線，表示股價會下跌。所以最好是避掉這時的風險，不要太過貪多。而前面也提過（65 頁），**大獲全勝是不可能的。**

賣空時出現陽線、買進時出現陰線就先平倉

接下來股價進入盤整（Ⓐ），隨後往下突破。均線的排列方式也呈現出下跌，所以試著掛進賣空單。但是馬上就出現陽線，於是進行平倉。**還沒熟悉當沖時，就不要冒險，掛進賣空單後出現陽線就砍單，掛進買單後出現陰線也要砍單。**

儘管目前為止是 2 連敗，但因迅速平倉，沒有造成龐大的損失。

平倉的陽線之後排列 3 根 5 分線，被陽線突破，卻不掛進買單。因為表示長期趨勢的 60K 線向下，而且股價還停在 2,350 日圓，沒

有突破。我們在這樣的趨勢當中,要活用之前學到的東西。

接下來走勢從盤整(Ⓑ)往下跌破,所以會掛進賣空單。陰線持續出現,然後在第一個出現陽線的地方平倉。只要抓住這波下跌,就得以彌補之前的損失,由虧轉盈。

接著有 2 根 K 線並排(Ⓒ),並且往下突破,所以賣空。2 根 K 線並排之後的突破盤勢,無論上漲或下跌都是相當有效的買賣點。假如有 2 根 K 線排排站,就可以在往上突破後買進,或是在向下突破後掛進賣單。

價格出現變動時,應該觀察第一根陽線,在豎起下一根陽線之初進行平倉。這樣就會轉盈。如此一來就是 2 勝 2 敗,勝率為 50%,獲得的利潤卻很大。

回顧這次交易,可以總結為以下 2 點:

(1) 開市 30 分鐘內股價會劇烈震盪,抓不準方向,所以什麼都別做。
(2) 出現反向的 K 線就要結束交易。

即使買在往上突破的陽線,若出現陰線也要平倉;即使在出現陰線後掛進賣空單,若出現陽線也要平倉。

請各位像這樣自行在線圖上填寫「買進」、「賣空」及「平倉」的時機。執行過許多次之後,你的腦袋裡就會形成回路,自動分辨賣空、買進、平倉及不進行任何操作的盤勢。

操作當沖時,需要在 5 分鐘的 K 線結束之前決定下一個對策,

所以腦子一定要快速運轉才行。在線圖出現往上突破、往下突破、W底或均線交錯的盤勢時，即便簡化技巧，也經常要跟時間賽跑，或是配合股價的波動變更策略。因此，一定要透過練習，將交易的回路建立在腦子裡。

假如預測暫時上漲或下跌，就在第 4 根 K 線平倉

圖 3-2 是 2021 年 7 月 6 日軟銀集團（9984）的 5 分線圖。剛開始 30 分鐘不進行交易。接著可以看到波動逐漸穩定，並開始下跌，排列 3 根 K 線（Ⓐ）後往上突破，所以就掛進買單，但是接下來出

▶ 圖 3-2　軟銀集團　5 分線圖（2021 年 7 月 6 日）

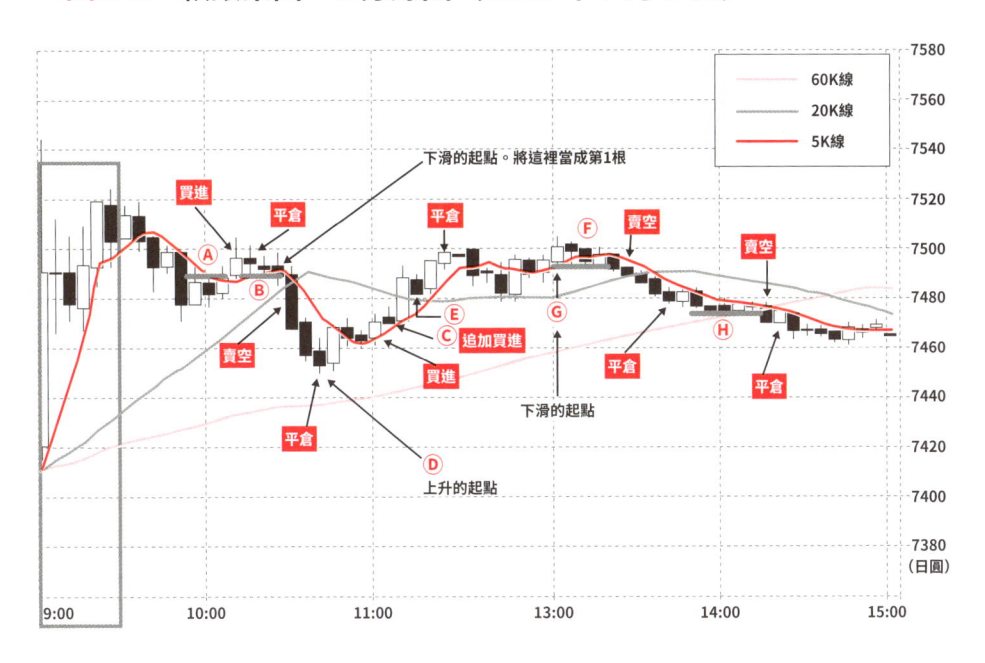

現陰線，於是就平倉，這裡的虧損非常少。

接下來是一連串 K 線的排列（Ⓑ）後往下突破，所以掛進賣單。之前提到要持倉到下一根陽線出現為止，不過這裡要傳授更高超的技巧。

持平的盤勢當中，均線由上而下是 5K 線、20K 線及 60K 線，顯示出股價會上漲。但在持平之後往下突破的盤勢中，5K 線就跌破 20K 線。儘管如此，60K 線卻朝上，20K 線則位在最上方，所以股價回升的力道或許沒那麼弱。**遇到這種案例就要假設行情會在 4 根 K 線後結束，不要持倉到下一根陽線為止**。從下滑的起點算起，要在第 4 根 K 線平倉。

接著看到陽線出現在 5K 線上方，於是掛進買單。

我們來解釋這時買入進場的根據吧。掛進買單的陽線前方豎立 2 根陰線 K 線，沒有跌破 5K 線而是停在 5K 線上方，60K 線則是朝上。接著就出現了陽線。這根陽線的開始和結束都位在前面的 K 線之上，**從這股波動來判斷，股價會在上漲後短暫下跌，然後回升**。

接著在下一根陰線（Ⓒ）追加買進。此時，這根陰線起始的位置比前面的 K 線高，作收的價格幾乎和前一根 K 線的收盤價相同，所以也可以當成實質上的陽線。

然後要在第一根陰線平倉。雖然這裡是在上漲趨勢中的短暫下跌，然後又上升，但也可能會止漲。於是，我們要數 4 根 K 線掌握平倉時間。從剛開始買進的陽線算起，這已經是第 4 根。

在上漲趨勢中，當 5K 線位於 20K 線上方時，通常走勢會在 4 根 K 線後結束。

也可以像第 2 章說明的一樣，數 9 根 K 線後平倉。起點並不是掛進買單的 K 線，而是底部的陰線（Ⓓ），要從這裡數 9 根。上漲和下跌幾乎都只到第 9 根為止。這波上升是在第 8 根出現陰線（Ⓔ），所以要在下一根 K 線平倉。假如第 9 根是陽線，就要在第 10 根出現前收尾。

爾後 20K 線就持平，5K 線也與其接近並行，所以不做任何操作。因為在持平之後股價一口氣往下跌破，這時會掛進賣空單。

接下來，K 線在Ⓕ的盤整之後往上突破，豎立了 1 根陽線，但我們不掛進買單。各位知道原因嗎？

請看突破的 K 線最高點是多少。最高點就在 7,500 日圓上下。先前也都沒有超過 7,500 日圓，顯然這就是天花板，所以沒有買入進場。

接著走勢從這波持平往下突破，跌破 7,500 日圓，所以掛進賣空單。而平倉的時機是數 9 根 K 線。這波下滑的起點是持平後達到最高點的陽線（Ⓖ），之後的第 9 根陰線再賣空平倉。

然後再度出現盤整（Ⓗ），此時**先不要出手，等待價格往上或往下突破**。這個盤勢當中，5K 線突破 20K 線，相當接近 60K 線。這也可以當作上升力道減弱的跡象。

接著走勢突破盤整，於是掛進賣空單。然而接下來出現陽線，均線逐漸集中。**這種盤勢有可能是劇烈震盪，所以最好要平倉**。平倉後幾乎沒有虧損多少。

這次當沖時，剛開始買進虧了錢，其次賣出賺到錢，然後買進有賺、賣出也有賺，最後的賣出則是虧損。5 戰之後為 3 勝 2 敗。但即

使失敗，損失也非常少。

應該及時平倉，分段小幅獲利

圖 3-3 為 2021 年 8 月 4～5 日網路廣告代理商 CyberAgent（4751）的 5 分線圖。開盤後一度下跌的發展。

上午 9 點 30 分左右前的 K 線大多為並排。**假如 K 線沒有並排，而是朝上升方向排列為陽線、陰線、陽線時，接下來變成陽線的機率就會提高。**由於 K 線在並排後突破，出現陽線，所以要在下一根 K

▶ **圖 3-3** CyberAgent　5 分線圖（2021 年 8 月 4～5 日）

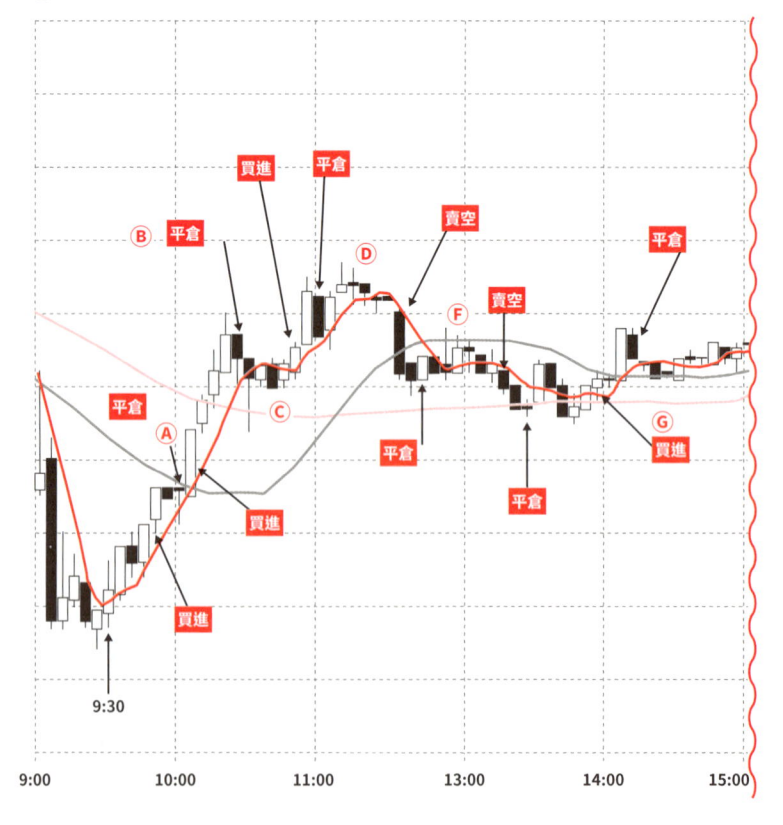

線出現前掛進買單。雖然再度變成陽線的機率很高,接下來卻出現了陰線(Ⓐ)。因為當沖要分段進行,所以要平倉。

接下來陽線突破之前出現並排,於是掛進買單。平倉的時機是數9根K線。上升的起點是陰線,數了6根K線出現下一根陰線(Ⓑ)。因為是進場後首次遇到的陰線,所以這時選擇平倉。

假如持續出現陽線或陰線,也不妨持倉到第9根K線。**若在上漲的途中出現陰線,下跌的途中出現陽線,基本上最好要平倉**。不過,根據均線的排列方式或傾斜角度,操作時需要隨機應變,像是再看1根K線等。

這時候有 4 根 K 線並排（Ⓒ），接著突破這個區間，所以掛進買單。在這裡買進的另一個理由是，5K 線從下往上突破 60K 線，雖然再次下跌卻又回升，但沒有跌破 60K 線。由此可以預期股價會上漲。接著在第 1 根陰線平倉，獲得些微利潤。

接下來有 5 根 K 線並排（Ⓓ）。在 25 分鐘之內，股價於 2,020～2,025 日圓的價格帶波動，可見會一口氣跌破，因此掛進賣單。這裡也要在第 1 根陽線平倉。雖然利潤不多，不過當沖就是要**分段進行**。

股價再次跌破並排（Ⓕ），因此賣出。因為 K 線變成紡錘線，所以要砍單。這個盤勢的均線集中，從上到下為 20K 線、5K 線及 60K 線，觀望也是好選擇。要是熟悉當沖操作，即使是這樣的盤勢也可以交易。**假如走勢突破並排處，就抓住 1 根或 2 根 K 線再收手。**

然後在Ⓖ掛進買單。收盤價超過上根 K 線，上上根的 K 線，以及更上上根的 K 線，所以是超過 3 根 K 線過去 15 分鐘的價格帶。這個盤勢的均線也是集中聚攏，最好要盡快平倉。雖然這次是在陰線處砍單，但有時在前面的陽線處砍單或許也不錯。

只要觀看線圖，就會發現後面的盤勢幾乎都是盤整，最好要使用「不要出手」的技巧。

小心節點和均線集中的地方

接著我們來看隔天的盤勢。剛開始的 20 分鐘突然上漲，不曉得什麼時候會下跌，所以先不要出手。

然後走勢跌破一團並排的 K 線,所以掛進賣單,再於第 1 根陽線平倉。接著均線集中聚攏,最好不要出手。不少當沖客遇到這種盤勢,也會選擇觀望。

接著因為價格跌破持平的走勢,所以賣出。結果正好在 2,000 日圓的節點止跌,出現第 1 根陽線,於是平倉。在這個盤勢當中稍微虧了點錢。

在 2,000 日圓左右的節點上排列了 3 根 K 線,要在走勢突破這裡的時候買進。之前曾用軟銀集團的線圖說明過,當上方為 20K 線,下方為 5K 線時,上升力道原則上是疲弱的,多半會在 4 根 K 線左右結束,所以要數 4 根後平倉。

均線從 12 點半到下午 1 點為止集中聚攏,最好不要出手。但是均線的排列由上到下為 60K 線、20K 線及 5K 線,可以稍微預期股價會下跌,所以在跌破 2 根 K 線後掛進賣單。雖然考慮過要在第 1 根陽線時平倉,卻抓不準股價波動的方向,**出現難以判斷會往上下哪邊走的紡錘線(Ⓗ),所以就在這裡平倉。**

均線的順序顯示股價會下跌。因為股價在陰線處下跌,所以預測將來也會下跌而賣出,結果卻出現陽線所以砍單。這次股價從持平往上突破而買進,接著卻馬上出現陰線,所以平倉。

這天的交易出現很多不符預期的波動,但因迅速平倉,所以最後利潤依舊大於虧損。

最初的下跌和隨後的上漲都帶來了獲利。第 2 次賣出時盈虧幾乎打平,虧損是出現在最後一次的賣出和買進。不過,由於出現損失時

盡快止損，所以當天還是以獲利作結。這一天難以交易，不適合當沖，但這是在那天結束後才知道的。這時候，就該以「這種日子也是有的」來看待。

根據均線的位置來判斷價格的走勢，再進行交易

圖3-4是2021年8月5～6日軟銀集團（9984）的5分線圖。

▶ 圖3-4　軟銀集團　5分線圖（2021年8月5～6日）

剛開盤30分鐘內出現劇烈震盪之後，陽線就突破並排的K線（Ⓐ）。通常這種盤勢要買進。不過請各位看看均線的位置，從上排到下為60K線、20K線及5K線，表示股價會下跌。**在這種情況下，從下跌中反彈買入，可能會面臨股價再次下跌**。圖3-3當中，CyberAgent在8月5日的線圖盤勢就是如此，下午2點10分左右因為陽線突破K線而買進，結果出現陰線而股價下跌（77頁）。請回想那次失敗。所以這裡就算突破也不要買進。

然而，均線的排列順序顯示是下跌，所以要研究是否該賣空。雖

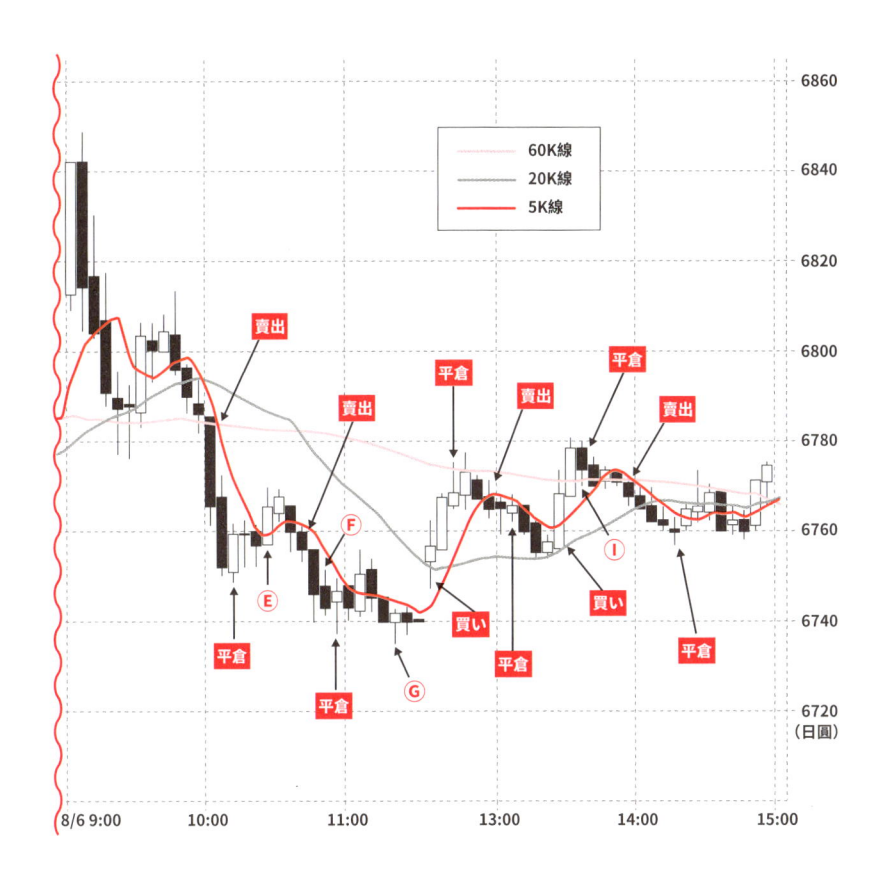

然股價由下往上漲，出現陽線，接著卻形成上影陰線。就算這根陰線沒有往下突破，不過考慮到均線排列的順序和往右下傾斜的角度，可以判斷很可能下跌，所以掛進賣單。請各位要記得，**這類盤勢即使不適用「排序和突破」、「決定不要出手」、「W 底」的技巧，也可以透過判斷均線並賣出**。雖然結算的時機是要數 9 根 K 線，但因第 5 根出現陽線，所以便砍單。

之後 K 線就改成往上突破。衡量均線的位置和角度，雖然上次沒有買入進場，但也可以考慮在這個盤勢買進，因為下跌會持續好一陣子。假如要計算會下跌到什麼程度，就是 5 分線中從第 1 根陽線（Ⓑ）數到第 24 根。

「以 K 線根數設定停利停損點」的技巧（62 頁）當中說明過，無論上漲或下跌通常到第 9 根 K 線為止。即使市場有力道、就算續漲或續跌，幾乎也以 **17 根為極限**。就算偶然有 23 根，也幾乎不會超過這個範圍。所以當 K 線**持續到第 24 根時，可以預測是下跌的極限**，就掛進買單了。

話雖如此，均線的順序卻是下跌。就算可以在上升起點的陰線（Ⓒ）第 4 根 K 線處平倉，但下跌已經達到極限的 24 根，所以決定稍微再觀察情況，接著在接近 20K 線的紡錘線處平倉。

雖然走勢逐漸往上突破，卻可從均線判斷出股價會下跌，所以是安全的交易。盤勢難以判斷會不會順勢上漲，因此按兵不動。

儘管股價努力往上爬，上漲力道卻很弱，形成持平。接著跌破並排的 K 線，所以掛進賣單。之後股價跌了很多，出現紡錘線，**K 線的紡錘線表示向上走的力道與向下扯的力道相抗衡，所以也可能轉為上**

漲，於是平倉。

股價再次上漲，突破並排的 K 線，所以賣空進場。當時的設想是在第一根紡錘線或陽線平倉。後來因為出現陽線，所以便收手。

仔細看看線圖，上午 11 點和下午 2 點左右觸底，形成 W 底，要在突破 W 底的陽線處買進。當 5K 線位在 20K 線的下方時，就算股價上漲也多半會在 4 根 K 線時結束，因此就以開始上升的陽線（Ⓓ）為起點，在第 4 根 K 線平倉。

雖然出現陰線，股價卻馬上回升，所以在收盤前掛進買單，然後在第 1 根陰線砍單。

搭上趨勢交易

隔天開市後的 30 分鐘內也不要出手。

之後由於股價跌破前一天收盤價的價格帶，因此掛進賣單，接著在第 1 根陽線平倉。因為均線排列的順序顯示為下跌，所以就算股價漲了也不要出手（Ⓔ）。前一天上漲時掛進買單是因為突破 W 底，這裡並非 W 底，切記不要出手。

K 線稍微回升之後並排、往下突破，所以掛進賣單，再於第 1 根陽線平倉。

這次股價在下跌後持平，突破並排的 K 線，所以買入進場。股價從一開始就跌，從第 23 根 K 線（Ⓕ）起幾乎為並排。無論漲跌幾乎都會在 9 根內結束，即使再久也不超過 17 根，極限為 23 根。由此可以預測這波下跌也會暫時結束，因而掛進買單。

平倉的時機是從上升起點的陽線（Ⓖ）算起的第 6 根 K 線。因為上面還有 60K 線，均線沒有形成上漲的排序，所以在碰到 60K 線的地方平倉。

由於股價波動不穩，使得當沖會像波段交易或抓住市場週期一樣，沒有明確的買賣標準，有時<u>需要搭上當時的趨勢交易</u>。因此，因此，無可避免地需要改變某些原則。

雖然股價上漲，均線的順序卻顯示出下跌的趨勢，所以在跌破並排的 K 線處掛進賣單。20K 線的上方出現陽線，因而砍單。

N 字型態出現就是進場的時機

圖 3-5 中可以看到，5K 線升到 20K 線的上方，再稍微下滑。然而 5K 線再次上升時，沒有跌破 20K 線。即使稍微下滑也能回升、突破 20K 線，就表示上升力道更為強大。

這在相場流波段交易中稱為 N 大（日大），因為 5K 線在 20K 線上畫出 N 字而得名。**<u>假如均線變成 N 字，上升力道就會比較強，請把這當成可以掛進買單的盤勢</u>**。掛進買單前先確定 5K 線沒有往下突破 20K 線，接著再於第一根陰線平倉。

後來軟銀的股價再次跌破並排的 K 線，所以掛進賣單。這時要從下跌起點的陰線（Ⓘ）算起第 9 根 K 線或紡錘線平倉。爾後均線集中聚攏，最好不要出手。

目前為止我們模擬交易過 6 張線圖。**<u>進場的基本功是「排序和突</u>**

▶ **圖 3-5** N 大（日大）的範例　圖 3-4（81 頁）的一部分

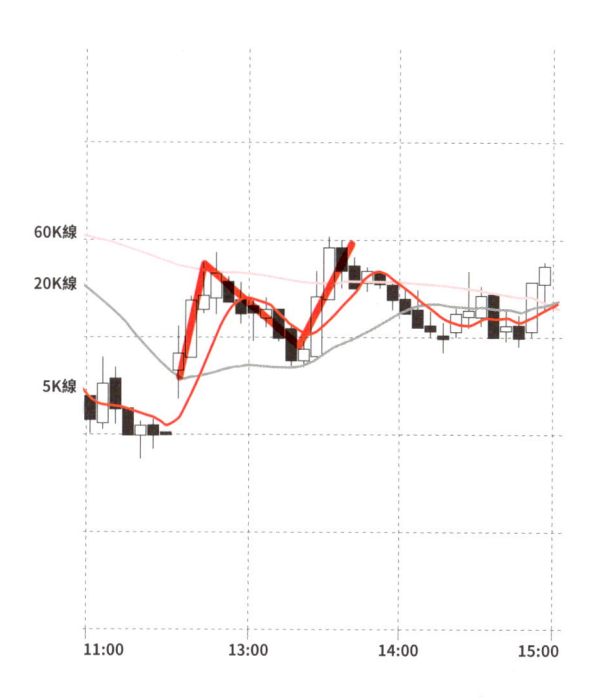

破」和「W 底」這 2 招。洞察「不要出手」的盤勢和「以 K 線根數設定停利停損點」也都很重要。

　　雖然主要使用的技巧有 2 個，實際交易起來卻相當複雜。所以要拿出各式各樣的線圖，像這一章練習的一樣做上記號，包括「因為突破而買進」、「因為突破而賣出」、「均線集中聚攏所以不要出手」等。乍看之下好像很難，但只要熟悉當沖，就會變得越來越拿手。

　　每 5 分鐘就會出現新的 K 線，要是對著電腦實際交易，就會陷入混亂或感到痛苦。所以必須像這樣模擬練習後，再投入金錢交易。另外，剛開始交易時要記得上午做 1 次，下午做 1 次，先是戰戰兢兢

CHAPTER 3　以最低風險累積暴利的「買進賣出」技巧　85

地買賣,接著再慢慢習慣當沖的步調。

總結這一章:「開盤 30 分鐘內不要加入戰局。基本上要在 K 線往上突破盤整時買進,往下突破時賣出。掛進買單後要在第 1 根陰線平倉,掛進賣單後要在第 1 根陽線平倉。」

CHAPTER

4

勝率最大化的「不操作時間」思考法

01 從確認現在「股價的位置」開始

以 4 點審視均線

開始投資之前，**要記得確認股價當時位在哪個位置**。是上漲、下跌、盤整、天花板，還是地板……**策略會依照股價的位置而變化**。確認時要看什麼呢？答案就是線圖。線圖可分為 1 分線、5 分線、10 分線、15 分線或日線，不管哪一種線圖，核對的方法都一樣。

方法為以下 4 項。

（1）觀察均線的順序、均線之間的間隔及角度

◎以均線排列的順序判斷趨勢

假如均線從上到下依序為 60K 線、20K 線及 5K 線，股價就會下跌；反之假如從下到上依序為 60K 線、20K 線及 5K 線，股價就是位在上漲盤勢。當均線排列方式在上述順序之外，股價就是處於盤整，其中還分為可以謀求利潤和不能謀求利潤的盤整。

藉由順序大致判斷上漲還是下跌之後，接著就要觀察均線之間的間隔，判斷上漲或下跌的走勢。

◎均線之間很靠近時就不適合交易

假如在上漲盤勢中，60K 線和 20K 線的距離很大，最近 20 根 K 線的股價平均上升力道，就會比過去 60 根 K 線的股價平均還旺盛；假如是下跌盤勢，則是下跌力道旺盛。若20K 線和 5K 線的間隔很大，越拉愈遠時，就表示最近 5 根 K 線的股價波動，顯然凌駕過去 60 根 K 線或 20 根 K 線。以拔河來說，這種狀態就是上漲時買方力道強勁，下跌時賣方力道強勁。

反過來說，**假如 60K 線、20K 線及 5K 線很靠近，就表示過去 60 根 K 線的股價平均，與過去 20 根 K 線、5 根 K 線的股價平均幾乎處於相同的狀況。**股價可能沒有波動，或是小幅漲跌，近似於所謂的箱型區。

假如這時以為會稍微上漲，卻下跌或沒有波動，就屬於不適合交易的盤勢。均線重疊時最好不要交易。

話雖如此，但股價多半不會一成不變。**股價波動之前，均線往往會重疊或接近**。假如觀察到這個狀態，均線之間遲早會分離，接著上升或下滑，呈現相應的波動。所以在確定均線接近或重疊之後，就要**觀察股價的變化，掌握早期動向，建立策略，以搭上之後的趨勢**。

◎以均線的角度判斷股價的走勢

請各位也要注意均線的角度。假設在上漲盤勢中，所有均線都朝上時，5K 線以大角度往上走。因為是 5K 線，如果是 5 分線圖就代表 25 分鐘內的股價平均，10 分線圖就是 50 分鐘內、15 分線就是 75 分鐘內的股價平均。若以大角度朝上，就意味著不久後將會飆漲。

反過來說，要是以大角度朝下，就會在不久後狂跌。

從以上均線的波動，即可在**均線順序由下而上為 60K 線、20K 線及 5K 線且大幅拉開距離時，判斷現在處於上漲盤勢**，研究「買進」的對策。反過來說，假如由上而下順序為 60K 線、20K 線及 5K 線，也拉出間隔，並以大角度朝下，即可判斷為下跌盤勢，研究「賣空」的對策。

（2）K 線是上升還是下滑

有時就算均線排列的順序顯示會上漲，K 線也會下滑。雖然 60K 線和 20K 線朝上，空出間隔，上漲力道卻減弱，轉為快要下跌的盤勢，所以 K 線會先開始下滑。過一陣子之後，5K 線也會跟著下滑，跌更多之後就會和 20K 線相交，也和 60K 線相交，並持續下跌。下跌盤勢也一樣，有時明明均線朝下，K 線卻上升，有時則會在過一陣子之後從下跌轉為上漲。所以**不只要核對均線，有時也需要注意 K 線的上升和下滑**。

（3）K 線是陽線還是陰線

有時就算趨勢下跌，K 線仍是陽線；有時就算趨勢上漲，K 線仍是陰線。

（4）股價多少錢

假如股價在下跌趨勢當中跌到節點附近，就可能止跌。要是跌破了，下跌的力道也可能會增強。

假如股價在上漲趨勢當中漲到節點附近，就可能會止漲。不過要

是突破節點，有時上漲的力道也可能會增強。

假如是股價 2,000 日圓左右的股票，每接近 500 日圓的節點就會對股價的波動帶來各式各樣的影響。另外，從 2,000 日圓上漲到 3,000 日圓時，或是從 3,000 日圓下滑到 2,000 日圓時，即使是在每 1,000 日圓的節點，股價也會有上漲受阻或下跌止步的情況。而且**股價有時會在節點大幅波動**，比如高價股超過 1 萬日圓就會一口氣上漲，或是明明在 1 萬日圓附近徘徊，卻在跌破 1 萬日圓之後一口氣下跌。所以**要是那檔股票的價格接近節點，就要記得防範波動**。

我們要確認以上 4 點，思考自己想要買賣的股票能不能以相場流交易法操作、是否不要出手比較好。

確認 4 點後再研究要賣還是買

那麼再來說明如何用日經平均期貨的 15 分線圖實際核對（下頁圖 4-1）。請觀察箭頭①的 K 線，並想想要不要交易，假如要交易的話，就進一步研究要賣還是買。

首先要觀察均線。只見 20K 線的下方為 60K 線和 5K 線。下跌趨勢從上而下依序為 60K 線、20K 線及 5K 線，但這裡的 20K 線還在 60K 線的上方。不過 5K 線朝下，與 20K 線空出間隔，也低於 60K 線，所以不久後就會順勢下跌。20K 線的方向也是往下，從角度看來，似乎會跌破 60K 線。

這基本上也可以判斷為下跌的盤勢。

接著要核對 K 線。有 4 根 K 線的下影線位在 2 萬 9,270 日圓～2

▶ **圖 4-1** 日經平均期貨　15 分線圖①（2021 年 10 月 20～21 日）

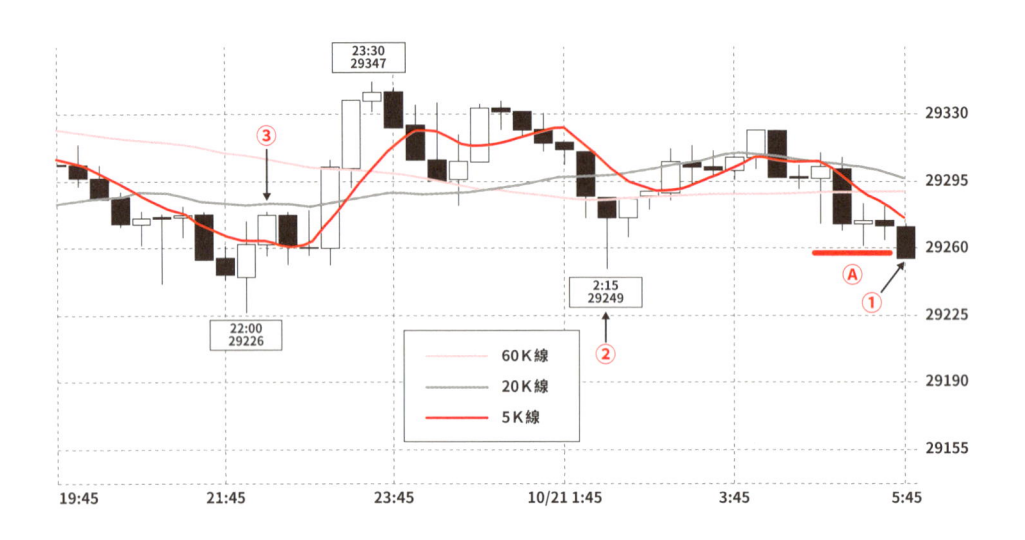

萬 9,280 日圓一帶，收盤價為並列（Ⓐ）。因為是 15 分線，所以表示在這個價格帶上進行了 1 小時左右的交易。箭頭①的 K 線是以低於這 4 根 K 線的價格買賣，收盤價低於這個價格帶，跌破之前止跌的價格。

　　請回顧不久之前 2 點 15 分的時候（箭頭②）。這個時間點雖然留有下影線，卻回到收盤價。然而箭頭①沒有回升，所以能夠判斷這時的盤勢比 2 點 15 分還疲弱。

　　再看看更早之前，前一天晚上 10 點左右的 K 線（箭頭③），股價保持在 2 萬 9,260 日圓就止跌上漲。箭頭①也是以收盤價跌破其價格，然後 K 線就成了陰線。

從以上的盤勢就可以思考「這下是不是該出手了」。

正確答案是：這個盤勢適合掛進賣空單。這裡的 60K 線位在 20K 線的下方，或許有人會懷疑：「下跌的力道其實沒那麼強吧？」的確，由上到下為 60K 線、20K 線及 5K 線，比較容易判定為下跌趨勢，但就如前面也說明過的一樣，因為 20K 線也朝下，所以能夠預期總有一天會跌破 60K 線。跌破 60K 線後觸底的情況也不少見，**所以在觸底之前掛進賣單比較容易獲得利潤**。

進場時機是在 15 分鐘結束後、第 16 分鐘掛進賣單。平倉時機要從下跌之初算起，在進場前已經過了 7 根 K 線。雖然要看 K 線的狀況來判斷，但在之後大約 2 根處，也就是大約 30 分鐘後似乎會下跌。因此，不妨考慮在第 9 根 K 線平倉。

02 重要的是了解什麼情況不能交易

股價的波動會有上漲、下跌和盤整

交易並不是隨便找個地方進場就好。明明碰上不擅長操作的盤勢，卻認為「好像會漲」或「好像會跌」而進場的例子就占了大多數。

接下來的圖 4-2 呈線的是股價的波動。

股價的變動模式通常是：先出現○後接著上升，再出現○之後下滑，這樣的變動反覆出現。○的後面會發生上漲或下跌，而所謂的○就是盤整。只要看看 K 線就會發現股價不斷「上上下下」，幾乎形成箱型區，沒能形成連續上漲或下跌的趨勢。

以第 1 章講解過的拔河來說，這種狀態就是一時之間繩索往紅隊走，白隊努力往自己這邊拉動，但轉眼間又往紅隊去。就在一來一往之間，其中一方精疲力盡，累的一方被拉著走，因此決定勝負……盤整的狀態就和這一樣，買方和賣方的拔河不曉得會往哪邊去。就算能夠預測哪一方可能會贏，也最好<u>觀察情況，不要心懷「會往哪邊動」的既定觀念</u>。

從圖表中可以看出 2 種情況。一種是股價在盤整後往上突破，漲完之後形成盤整再下跌，跌完之後進入盤整並上漲；另一種則是股價在上升趨勢結束後形成盤整，以為會下跌卻再次上漲。

▶ 圖 4-2　股價的波動

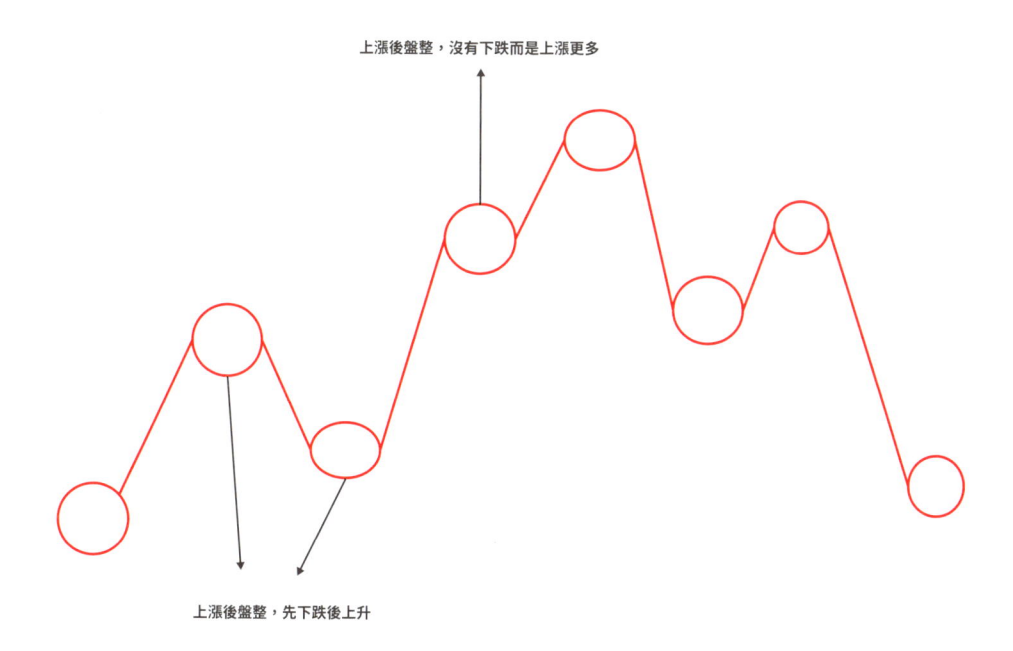

上漲後盤整，沒有下跌而是上漲更多

上漲後盤整，先下跌後上升

　　在某種程度上，這種波動是可以預測的。比如盤整的位置上升就會漲，下滑就會跌。盤整的位置在上升的過程中會漸漸不再往上，或是反過來不再下滑，接著趨勢就會發生大轉變。

　　在盤整的盤勢當中，**要衡量盤整之後可能會形成向上或向下的趨勢，並事先預測會怎麼波動，是上漲還是下跌、是結束上漲還是結束下跌。這種盤整的盤勢就是「不能交易的盤勢」**。

　　假設圖表為 1 分線，股價明明 3～4 分鐘之間上升，卻在接下來的 2～3 分鐘下跌。接著又上漲 2～3 分鐘，再下跌 3～4 分鐘。這就是完全與預期相反的盤勢，以為會上漲卻下跌，以為會下跌卻上

CHAPTER 4　勝率最大化的「不操作時間」思考法

漲。**基本上，擺脫盤整之後再交易會比較好**。因為這時的趨勢會持續，所以利潤也會增加，可以安全操作。以圖表來說，就是最好在突破○之後再交易。

要判斷盤整，就要觀察均線的位置

即使都是盤整，有的盤整是漲 1 分鐘後跌 1 分鐘、漲 2 分鐘就跌 1 分鐘，起伏變化得讓人眼花撩亂；有的盤整則是漲 15 分鐘跌 10 分鐘，漲 8 分鐘跌 10 分鐘。

股價變化不見得像圖表一樣整齊劃一，想必也會出現初學者無法明確判斷的盤勢，看不出這裡是盤整、這裡是下跌、這裡是上漲。**為了要能判斷盤整或趨勢，唯一的辦法就是多看線圖熟悉狀況**。這就和剛繼承父親魚店的兒子一樣，一開始他沒辦法俐落地剖魚，但在持續 2 年、3 年、5 年或 10 年的過程中，就可以使出漂亮的 3 片切法。

假如判斷在盤整狀態，基本上就不要交易。要判斷是否為盤整，就要看均線之間的位置。前面已經說明過均線之間接近的盤勢，當 5K 線、20K 線及 60K 線靠近或重疊時，就稱得上是盤整。另外，要是 **5K 線和 20K 線持平，就幾乎可以肯定是盤整**。還有，當 20K 線持平，5K 線稍微上升、稍微下滑和呈鋸齒狀起伏，也可以判斷為盤整。

要是盤勢當中 5K 線和 20K 線持平或接近，又或是 5K 線小幅震盪，20K 線持平，最好的決定就是「不要進場」。

不進場操作、繼續觀察市場也是很重要的，因為隨後可就出現可以獲利的機會。

03 在下一根 K 線形成前，決定是否買賣

操作當沖時，無論是 1 分線、5 分線或 15 分線，都需要在確定 K 線形成後再決定進場。假如是 5 分線，意思就是要看 5 分鐘內形成的 K 線，決定要賣、要買，還是不交易，再於第 6 分鐘時進場。

這是什麼意思？讓我們邊看實際的線圖邊說明。

請看看圖 4-3 右端的 K 線Ⓐ。前面的最低點是下午 4 點 15 分的

▶ 圖 4-3　日經平均期貨　15 分線圖②

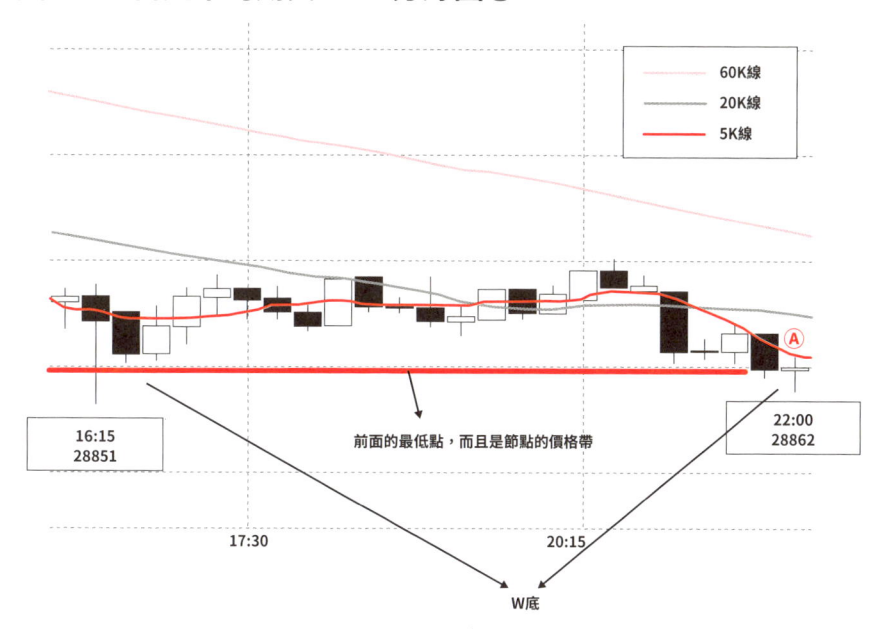

60K線
20K線
5K線

16:15
28851

22:00
28862

17:30　　20:15

前面的最低點，而且是節點的價格帶

W底

CHAPTER 4 勝率最大化的「不操作時間」思考法　97

下影陰線。只要看過線圖，就會發現股價沒有跌破這個價格帶，而是暫時上漲，然後就在上漲的價格帶交易。以拔河來說，這種狀態就是上漲的一方拉扯繩索，讓以往在20K線底下波動的股價冒到上面去。

但在過了晚上8點30分之後，下跌那一隊就努力拉低股價。接著股價開始下滑，卻在前面的最低點價格帶止跌。

我們就以這樣的盤勢預測接下來的發展吧。目前想得到的情況就是往下突破、往上突破、往上突破後形成W底。W底是往下拉出來的，卻是在不低於前面最低值的盤勢下完成的型態，所以能夠預期W底形成後非常有可能上漲。

K線為15分線，Ⓐ是在14分58秒或59秒形成的。假如下一根K線往上冒出來，就會形成W底，能夠買入進場。

假如程度在中級者以上，或許可以在看到Ⓐ之後掛進買單試水溫。股價從前面的最低點跑到相當上面的價格帶，雖然下跌，卻在前面的最低點止跌，而止跌的價格帶就相當於節點。從這種狀況可以判斷股價會止跌上漲，可以稍微買一點當作試水溫。

不過，初學者還不要進場，而是要看看下一個15分鐘內形成的K線（圖4-4）。K線Ⓑ大概是在14分50秒左右形成，這也沒有跌破最低點。假如是中級者，想必這裡又可以試水溫建倉了。

初學者要再核對下一根K線。過了13分鐘或14分鐘左右，K線Ⓒ成形，W底也出現了。可以**判斷股價從前面的最低點回升，買在高點後，雖然再次下滑卻止跌，往上漲的力道強勁**。

這是能夠買入進場的盤勢。進場的時機是第14分鐘或14分40秒能夠確定真有K線Ⓒ時，或是在Ⓒ處形成後不久的第16分鐘。

▶ 圖 4-4　日經平均期貨　15 分線圖③

等到 K 線完成，再行判斷平倉的時機

　　進場之後就要衡量平倉的時機。

　　當沖是分段擷取 1 天股價細微上下波動的交易。股價時時刻刻都在起伏，**就算出現**，也要認為趨勢只會從起點延續到第 9 根 K 線。

　　就算在 K 線Ⓒ買進，上升的起點也在Ⓐ。Ⓒ是開始上升後的第 3 根 K 線。假如把Ⓐ算成起點，就是在第 6 根出現了陰線（下頁圖 4-5 Ⓓ）。這時各位或許會有點困惑。假如原本是在做不冒風險的交易，就會在確定這根陰線出現後不久、下一根 K 線形成之初，就進

▶ 圖4-5 日經平均期貨 15分線圖④

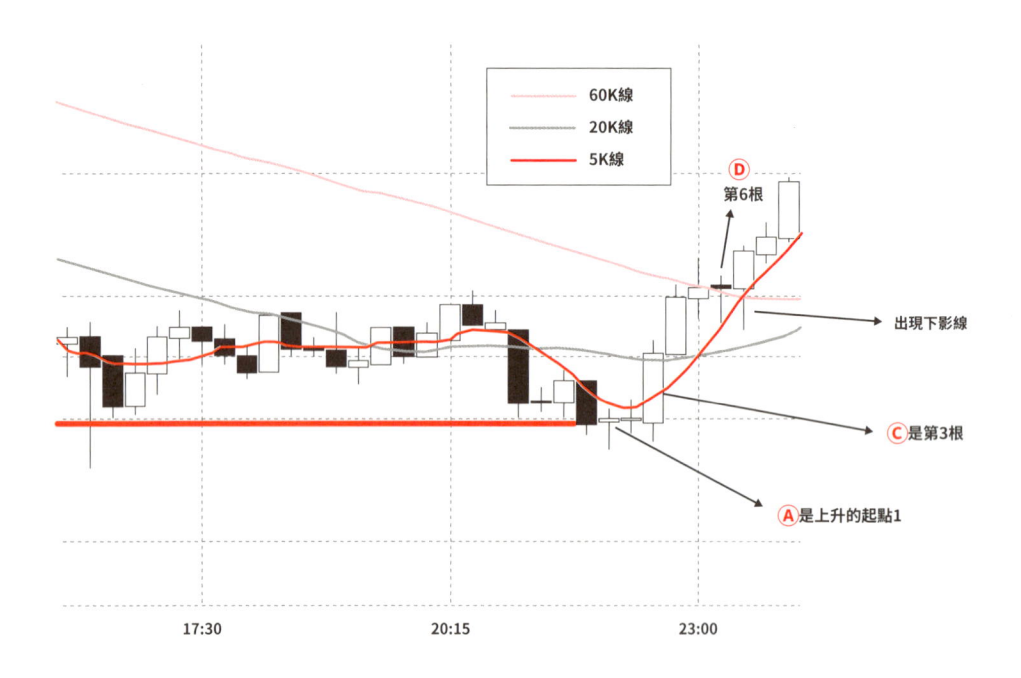

行平倉。

　　不過，考慮到W底很強勁，也可以判斷「我要持倉到第9根K線為止，若第7根是陰線就砍單」。接著在觀察下一根K線時，發覺出現了下影線。照理說之後K線會暫時形成陰線，要是在這根陰線出現的瞬間砍單，錯過後續的上漲機會就太可惜了。

　　15分線的股價會在15分鐘之內往上漲或往下跌，K線也會在陰線和陽線之間轉換。雖然這根K線也是在15分鐘內起伏，在一段時間內是陰線，但在14分鐘或14分30秒左右，就可以確定會以陽線作收。所以在暫時變成陰線之際砍單會很可惜。建議等到K線接近

完成的時候再做出判斷。

這個案例當中的第 7 根 K 線，是 14 分鐘之後即可確認的陽線，也代表能夠持倉到第 9 根 K 線。當第 9 根完成時就平倉，也可以選擇因為賺到利潤，而持倉直到下一根陰線的出現，以獲取更多利潤。

持續練習，直到 1 分、5 分、15 分都有最佳交易策略

前面已經說明過，我們需要在 K 線快完成，即將出現下一根 K 線前做出決策。以 15 分線圖為例，要在 14 分 30 秒或 14 分鐘將 K 線視為完成，或是等 15 分線真的完成後再進場。假如是 5 分線，則要在 4 分 30 秒將 K 線視為完成，或是等 5 分線真的完成後再立刻進場。

無論如何都需要觀察 K 線，再於最終時刻做出決策，像是 4 分 30 秒、14 分、14 分 30 秒等。換句話說，就是需要**一邊看交易畫面的 K 線，觀察其 5 分鐘或 14 分鐘的變化，一邊預測接下來的走勢，並在這根 K 線即將完成前或剛完成後進行交易**。這會讓人忙到不行。尤其是**如果使用 1 分鐘 K 線的話，工作量會比想像中更大**。

為了在類似這樣手忙腳亂的狀況當中，做出所能想到的最佳判斷，就需要大量的訓練。就像我正在學空手道、合氣道和劍道，必須日積月累多多練習，才能瞬間判斷該怎麼應付對方的攻擊。假如練習得不夠多，即使對方的攻擊在意料之內，身體也動彈不得。

對於意料之內的攻擊無法應變，就是練習得不夠。雖然我出版了十幾本書，卻有讀者問我：「能不能寫一本只看一次就懂得交易的

書？」這就像是在問能不能訓練一次就去甲子園一樣荒謬，關鍵在於扎實練習。

另外，要記得**常保冷靜**。波段交易能夠騰出1天或3天來做，也可以在冷靜之後思考怎麼交易，但當沖就不能這樣了。

只要扎實練習，事先擬定兵來將擋的應變策略，應該就能以平常心判斷，就算時間短也不會那麼慌張。某種意義上，**當沖或許比波段交易還要難**。不過既然閱讀本書的各位勇於挑戰，接受充分訓練後就會越來越拿手。只要熟練當沖，波段交易和抓住市場周期也就更上手、更從容。

04 只要出現「鳥嘴」，就果斷長期持倉

圖 4-6 是美股社群網路服務 Meta Platforms（Facebook）的 15 分線圖，標出的均線為 60K 線、20K 線及 5K 線。

交易點是在超過凌晨 2 點 15 分，在並排 K 線突破盤整時掛進買單，再於 4 點 15 分平倉。然後在突破並排 K 線下跌的盤勢中賣空，再於第一根陽線出現時平倉。因為又再次上漲，接著跌破並排的 K 線，所以試著掛進賣空單。

因為是 15 分線，所以均線的波動很穩定，也可以從容思考交易的策略。比如平倉的地方是從第一次進場時，從掛進買單的陽線算起

▶ 圖 4-6　美股 Meta Platforms　15 分線圖

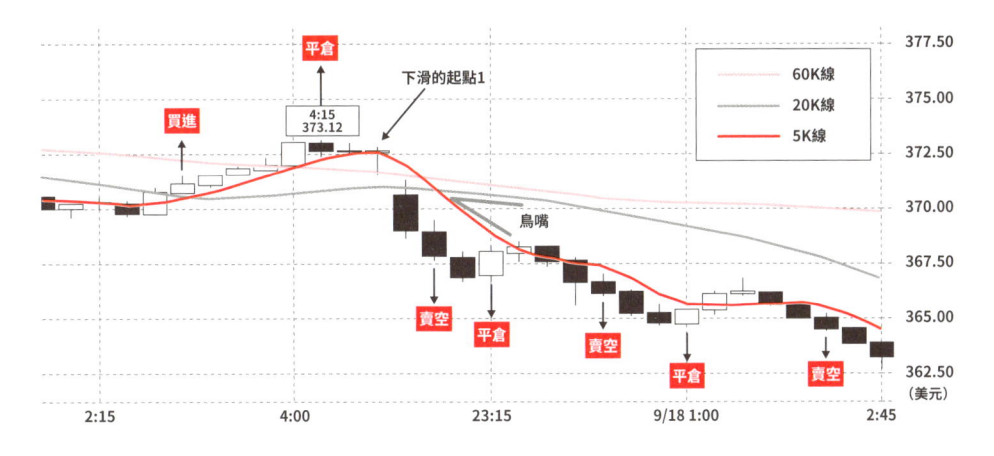

第 6 根陰線。因為 15 分線有 6 根，所以能夠持倉 90 分鐘，接下來的賣空也是在 2 根陰線後的第 1 根陽線平倉，持倉時間為 45 分鐘。使用 15 分線就會有 45 分鐘和 90 分鐘的時間做決定，可以從容思考下一個策略。然而，1 分線和 3 分線就沒有那種餘裕了。擔心下影線出現後股價會漲還是跌，或許也會讓人無法專心交易。因此，觀看 15 分線讓人比較不那麼憂慮。

只不過，1 天出手的次數會比 1 分線或 3 分線還要少。可是從結果來看，比起頻繁交易不斷停損，或是屢屢取得些微的利潤，從容冷靜地交易比較能夠獲得龐大的盈餘吧？從這一點來看，我也**建議用 15 分線來交易**。

無論漲跌，「鳥嘴」都是趨勢持續的訊號

我們來看剛剛的線圖，盤勢是 60K 線和 20K 線從上面往下突破 5K 線。5K 線和 20K 線交叉的地方形成銳角三角形，這個形狀讓人聯想到鳥嘴。

我把這種由 2 條均線組成的形狀命名為「鳥嘴」。**鳥嘴出現時，趨勢多半會長期持續**，假如果斷長期持倉會發生什麼事呢？

前面的交易是在 K 線完成前的 13 分鐘或 14 分鐘掛進賣單，再於第 1 根陽線平倉。但因預測鳥嘴出現之後下跌趨勢會持續，所以沒有在陽線平倉，而是耐心繼續持倉。這張線圖當中，股價會從下滑的起點跌到第 19 根 K 線。前面提過好幾次，續跌的話會到 23 根。鳥嘴出現之後，就有可能在持倉後獲得最大限度的利潤。

我們來稍微說明一下趨勢長期持續的理由。60K 線在形成鳥嘴狀的地方上升，20K 線則下滑。這表示最近的賣單比過去多，在拔河上就是不斷往賣出的方向拉。

　　這時要是 5K 線由上而下突破正在下滑的 20K 線，就會形成鳥嘴狀，但要變成這個形狀，賣單就必須急遽增加，不然位在 20K 線上方的 5K 線就不會以銳角突破 20K 線，形成鳥嘴。

　　以拔河來說，就是鳥嘴會在賣方猛力拉扯時出現。要是看到鳥嘴，就該想到是賣方優勢將股價不斷往下拉。

　　鳥嘴也會出現在上漲盤勢。圖 4-7 左邊的線圖是美股社群網路服務 Twitter（現改名為 X）的 5 分線圖。我們要在往上突破 K 線並排處的時候買進交易，再於股價上漲後形成鳥嘴的地方長期持倉。另外，因為股價在 K 線並排處跌破，所以能夠掛進賣單。

▶ **圖 4-7　美股 Twitter　5 分線圖**

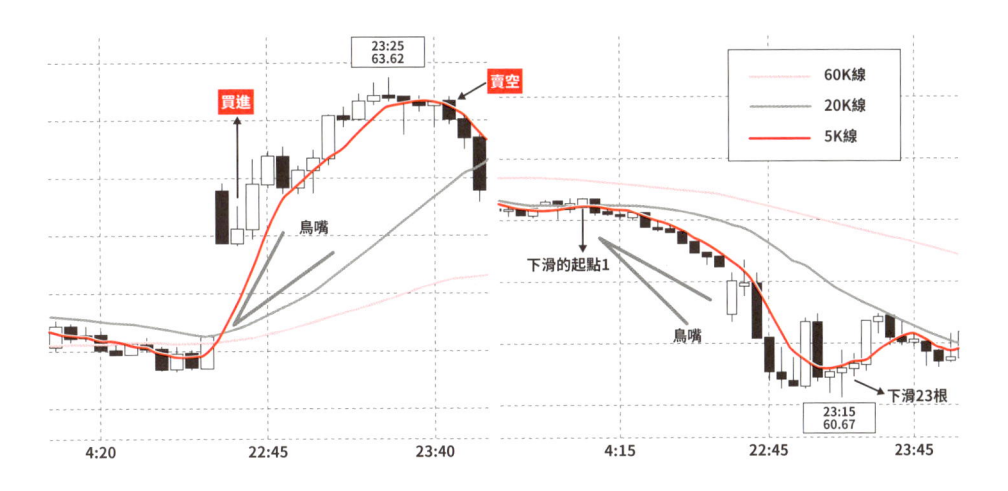

圖 4-7 右邊的線圖是另一天形成鳥嘴的情況，這裡也要長期持倉。平倉的時機是從天花板算起第 17 根 K 線。雖然漲跌通常會在連續 9 根以內，但在鳥嘴出現之後，趨勢就會持續到將近 23 根。

無論在買單或賣單激增時，都會像這樣出現鳥嘴。

請各位謹記「**形成鳥嘴之後就要果斷長期持倉**」，以此做為當沖的一項技巧。只不過，鳥嘴並不是頻繁出現的形狀。除了鳥嘴之外還有其他形形色色的訊號，但並非很常見。腦袋要事先記住各種技巧，這次用這招、那次用那招，能夠像這樣隨時發揮，正是熟能生巧的祕訣之一。

CHAPTER

5

所有市場都通用的「3大當沖法」

01 要以多少股數買賣？

觀察最近的賣量和買量，決定交易的股數

日本股票的最低交易量，一律都是 100 股為 1 單位。至於最高可以買多少股數，這是依資金而定。首先，我們就來看看行情板。

▶ 圖 5-1 軟銀集團「行情板」的範例

賣出數量	報價值 市價	買進數量
20,202	OVER	
712	6,620	
14	6,619	
12	6,618	
14	6,617	
99	6,616	
436	6,615	
15	6,614	
18	6,613	
27	6,612	
347	6,611	
	6,598	134
	6,597	30
	6,596	28
	6,595	22
	6,594	14
	6,593	15
	6,592	16
	6,591	99

這張羅列數字的一覽表（圖 5-1）稱為「行情板」。**行情板會呈現買賣下單的狀況，左邊列的是賣出數量，右邊列的是買進數量。** 看看軟銀集團（9984）的行情板在某一天東京市場買賣下單的情況，市價 6,611 日圓的部分出現 347 個單位的賣單，市價 6,598 日圓的部分出現 134 個單位的買單。由於 1 個單位為 100 股，所以出現的賣單是 3 萬 4,700 股，買單是 1 萬 3,400 股。

想以 6,611 日圓賣出的人、想以 6,598 日圓買進的人，他們就是正在買賣間拔河，而居中的金額即可讓交易成立。接著，買賣雙方又在股價的前後較量起來。

6,611 日圓的部分有 3 萬 4,700 股的賣單，6,598 日圓的部分則有 1 萬 3,400 股的買單。假設要下 3 萬股或 4 萬股的買單，就能以 6,600 日圓前後的價格交易。但從行情板來看，要是想買進 10 萬股的單位，除非一口氣以高股價買進，否則根本買不到。

賣空最多只限 50 個單位。假如現在試圖掛進 50 個單位的賣空單，由於買進數量為 134 個單位，所以能在 6,611 日圓到 6,598 日圓的範圍內掛進賣空單。但若很多人試圖掛進賣空單，就只能以便宜的股價賣出，這樣一來利潤就會減少。

該以多少股數來買賣呢？**要觀察行情板，看看最近的賣出或買進數量再決定**。以軟銀集團來說，最近的賣出數量為 347 個單位，最近的買進數量為 134 個單位，凡是在這個範圍內即可充分交易。雖然賣空最多只限 50 個單位，不過 1 個單位的金額也相當高。在當沖方面，軟銀集團就是想賣時就能賣、想買時就能買的股票。

觀察行情板的數量,判斷能以適當價格買賣的數量

下一個行情板是日本外送平台出前館(2484,圖5-2)。看看最近1,387日圓的賣出數量為8個單位,表示出現800股的賣量。再看看1,385日圓的買進數量為4個單位,表示出現400股的買量。

比如這時想買900股或1,000股,就要以1,387日圓買進800股,剩下的100股或200股要以1,388日圓買進。

假如想要賣空,因為買進數量為400股,所以400股以下是以1,385日圓賣出。但若想要賣空500股,剩下的100股就必須以1,384

▶ 圖5-2 出前館「行情板」的範例

賣出數量	報價值 市價	買進數量
1,270	OVER	
6	1,396	
67	1,395	
11	1,394	
40	1,393	
96	1,392	
8	1,391	
12	1,390	
12	1,389	
5	1,388	
8　・	1,387	
	1,385	・　4
	1,384	11
	1,383	59
	1,382	10
	1,381	33
	1,380	99
	1,379	14
	1,378	108

日圓賣出。因為賣空是要低於現在的股價才會賺到利潤，所以這時若以便宜 1 日圓的價格賣出，獲利了結時，盈餘就會少掉 100 日圓。

假設各位讀者當中有個富豪想要買進 2,000 個單位，也就是 20 萬股時，因為最近的賣出數量只有 800 股，所以就用 1,387 日圓的價格買進 800 股，並以更高的價格買齊。結果股價就不斷上升飆漲。

為了避免這樣的發展，**最好先看過行情板，再以能夠交易的數量範圍買賣。**

想要買進出前館時，因為出現在行情板上的最近賣出數量為 800 股、500 股及 1,200 股，加總後的數量就是能以適當價格買進的範圍。

賣空時，出現在行情板的買進數量為 400 股、1,100 股及 5,900 股，加總後的數量就是能以最近的股價區間賣空的範圍。

以前我到國外出差時，曾經在搭乘渡輪的途中下單交易股票。過了不知幾小時，證券公司打電話來，原來是證券交易所要查核交易事宜，還問我為什麼買進那檔股票。

我核對已經買進的股票，發現不是我原本想買的。那檔股票的成交量少，因為我大量買進而變成漲停板。但平常很少會有像我這樣的個人投資客買到漲停板，所以對方就問我為什麼要買，有沒有做什麼不法行為。我表示是不小心買錯股，馬上賣出。因為這次是一口氣賣出大量股票，所以股價就驟跌變成跌停板。

為了避免遇到漲停板和跌停板，也要請各位衡量行情板上能進行當沖交易的數量範圍。

02　2 天盤勢一起看，交易更輕鬆

盤勢拆開看，有時無法判斷 W 底

下一張線圖（圖 5-3）是輪胎公司普利司通（5108）2021 年 10 月 21～22 日的 5 分線圖。看看 21 日，就會發現股價在上升和持平

▶ 圖 5-3　普利司通　5 分線圖（2021 年 10 月 21～22 日）

後驟跌，進入盤整。均線在驟跌的盤勢中，從上到下會以 60K 線、20K 線及 5K 線的順序排列，表示下滑的波動。鳥嘴也會出現。

　　21 日和 22 日的股價波動不要拆開來看，而是要當作一個趨勢來追蹤。結果看到 20 日的股價從下方往上再持平驟跌後持平，又再次上漲。但在 21 日的上午 10 點前，雖然股價上漲到之前的最高點，卻沒有超過，而是下跌。

　　我們也要追蹤 20K 線的波動。雖然漲到突破 60K 線卻沒有長期持續，而是下跌、觸底後上漲，接著又下跌。看了 5K 線則會發現股價在上漲後持平、下跌、碰到 W 底再上升。

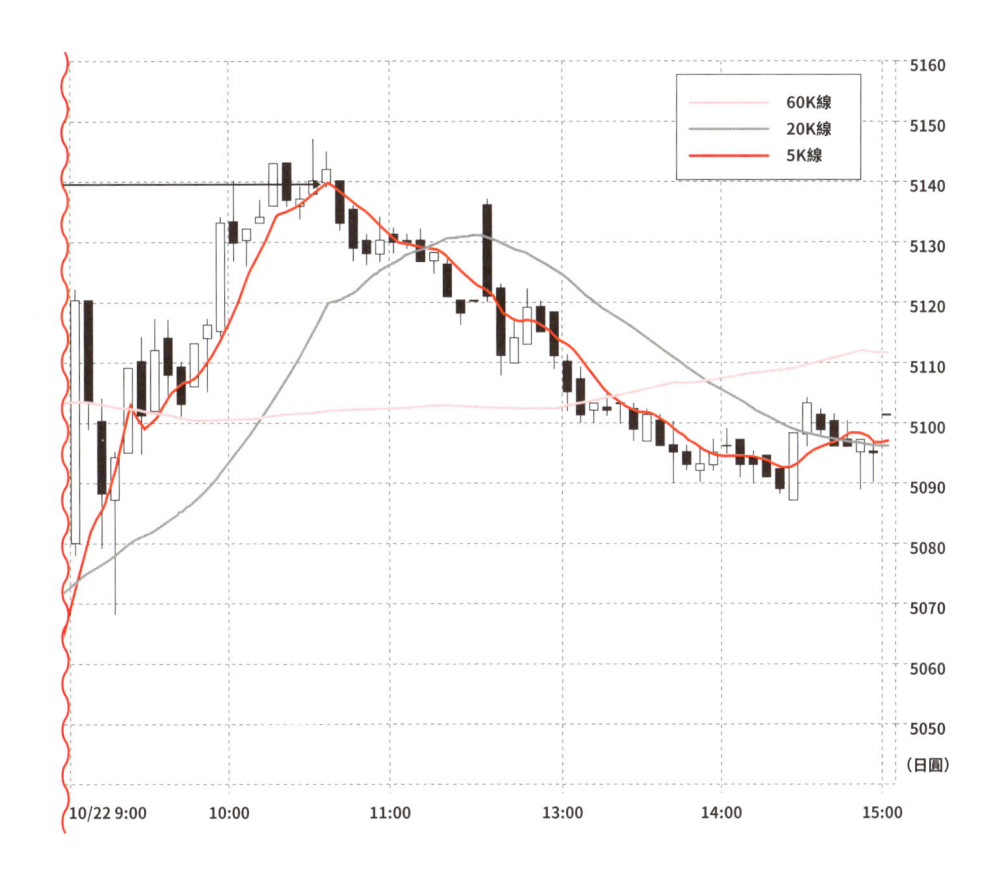

從 5K 線來看，當處於下跌或持平的盤勢中，5K 線會在 60K 線的下方波動。一旦出現在 60K 線上方，就會形成上漲盤勢。像這樣<u>將 2 天的情況當成一個完整趨勢，就會發現股價走勢更加流暢，比較容易判讀股價的波動。</u>

將 2 天的情況視為一個趨勢，再從線圖替 22 日的交易建立以下策略：

開盤後的 30 分鐘劇烈震盪，原則上不要出手。然而，21 日卻在下跌時形成 W 底。<u>W 底形成後很可能會上漲，能夠買入進場。</u>只要耐住劇烈震盪就會上漲。

22 日的上升盤勢中，雖然股價突然上升到 21 日上午 10 點附近

▶ 圖 5-4　SUMCO　5 分線圖（2021 年 10 月 21 ～ 22 日）

K線沒有搆到60K線

的最高點，卻預期股價可能會下跌，不會超過最高點，於是平倉。接著果然跌了。

　　因為是將2天的情況視為一個趨勢，所以能夠建立這樣的策略。若只單看22日，就會在開盤後的30分鐘按兵不動，也不知道最高點是否會達到前一天的最高點。但像這樣將2天視為一體，會比較容易操作吧？

　　當然，波動並不是時時都容易判讀。有些日子的趨勢難以預測、難以交易。話雖如此，但至少在形成類似這樣漂亮的走向時，**觀察2天的趨勢，建立交易策略**。

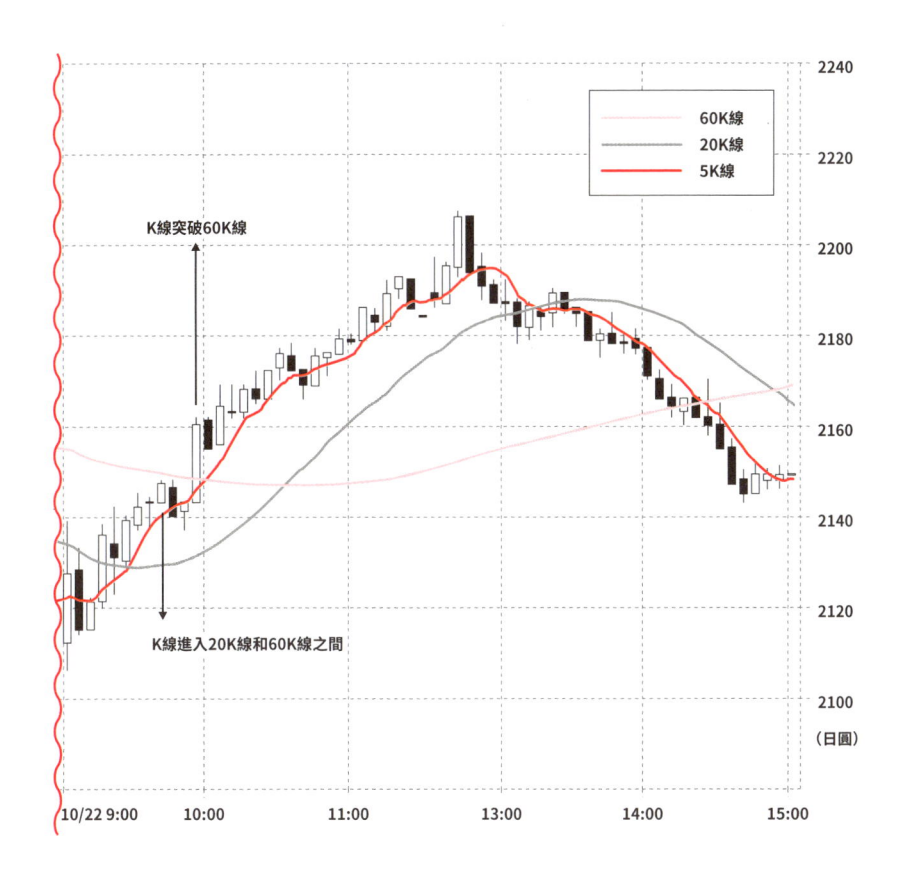

60K線
20K線
5K線

K線突破60K線

K線進入20K線和60K線之間

(日圓)

10/22 9:00　　10:00　　11:00　　12:00　　13:00　　14:00　　15:00

CHAPTER 5 所有市場都通用的「3大當沖法」

比起只觀察 1 天，更容易預測趨勢的轉折點

　　114～115 頁是半導體材料生產商 SUMCO（3436）2021 年 10 月 21～22 日的 5 分線圖（上頁圖 5-4）。相信各位十分了解股價的波動，先是續跌、觸底後上漲，又再次下跌。

　　我們來看看均線和 K 線的關係。21 日的 60K 線一直下滑，K 線試圖突破 60K 線，卻沒能抵達。然而在 22 日開盤後不久，K 線就往 60K 線走，進入 20K 線和 60K 線之間，此時就能夠建立突破便買進的策略。

　　21～22 日是相當漂亮的走向，**容易預測趨勢的轉換點。比起只觀察 1 天，更有利於交易。**

　　請在判讀時將 2 天或 3 天的線圖並排，把股價的走向歸納成一個趨勢。這樣就能**輕鬆掌握進場或出場的機會**。

03 多交易波動不同的股票，較能增加獲利

同時觀察 2 檔以上的股票掌握機會

與其只關注 1 檔股票，觀察 2 檔以上較容易增加獲得利潤的機會。

下一頁的上方線圖（圖 5-5）為半導體材料生產商 SUMCO（3436），下方（圖 5-6）為三井住友信託控股（8309）。兩者皆為 2021 年 10 月 21 日的 5 分線圖。

請看下午 1～2 點的部分。SUMCO 幾乎持平，難以交易。時段完全相同的三井住友信託控股則是從持平往下跌破，有機會賣空。假如只看 SUMCO，這個時段就不會做任何交易，白白度過 1 小時，但若同時觀察三井住友信託控股，就可以在這裡賣空進場。

換句話說，10 月 21 日下午 1～2 點只看 SUMCO 的人會無利可圖，反觀只看三井住友信託控股的人則會獲得盈餘。

那麼，不同時段會怎麼樣呢？比如上午 11 點～下午 1 點，SUMCO 並排的 K 線遭到突破，假如掛進賣單，就會賺到些許利潤。但三井住友信託控股在同一時段仍是持平，不會賣出。

就像這樣，同時觀察幾檔波動不同的股票，不僅能夠交易的機會比較多，利潤也會增加。

▶ **圖 5-5** SUMCO 5分線圖（2021年10月21日）

▶ **圖 5-6** 三井住友信託控股 5分線圖（2021年10月21日）

118 日本股神日賺周薪的魔鬼當沖奧義

選擇證券代碼不同的股票，列成清單

就算觀察多檔股票，但若波動相同也不行。比如三井住友信託控股和三菱日聯金融集團（8306），兩者都是金融類股，產業相似，所以波動相同，交易的機會也一樣。

那麼，該怎麼選擇多檔波動不同的股票呢？

有一個典型的方法是——選擇證券代碼不同的股票。證券代碼原則上是以產業別冠上編號（編按：台灣證券交易所自2023年2月13日起，股票編碼去除產業類別原則以及市場別原則）。比如1300多號的是水產農業，1500多號的是礦業，1600多號的是石油瓦斯。**所以選擇證券代碼不同的股票，產業自然就會有所差異，股價也很可能會形成不同的波動。**

下頁的圖表是12檔股票的清單（圖5-7）。

證券代碼3000多號的股票有3檔、5000多號的有4檔、7000多號的有3檔、8000多號的有2檔。就算證券代碼統統都不一樣也沒關係，這12檔股票的波動各有差異。

我們要像這樣選擇證券代碼不同的股票，列成清單，再將這些股票的線圖排列顯示在電腦的1個或2個螢幕上。結果發現，即使是同樣的時段，也可以確定股價的波動不同，達到進場點的股票有好幾檔。例如會知道網路遊戲開發公司COLOPL（3668）現在可以買、輪胎製造廠普利司通（5108）不要進場，以及服裝公司Workman（7564）可以賣等等。

類似這樣，**只要列成清單，秀出所有股票的線圖，加以觀察**，就

會冒出不只 1 檔可以進場的股票。如此一來交易機會就會增加，比觀察 1 檔股票還要好。

不過，若使用這個方法做 1 分線交易，應該會忙到不行。要看這個、看那個、平倉這個、買進這個……大概會忙到連思考的時間都沒有，操作也不流暢。即使是 5 分線也會覺得有點忙。想要頻繁交易的人可能會想使用 1 分線，操作卻不簡單，有時還會出錯。

各位讀者還不是交易專家，也不精通交易。所以**要用 10 分線或 15 分線交易，才能夠從容觀察**。這麼一來，就算是看 10～20 檔股票，也可以在充分思考的同時進行買賣。

▶ 圖 5-7　12 檔股票清單的範例

代碼	股票名稱	市場	現值	前日比	前日比率
3141	Welcia控股	東證PRM	4,150.0	−40.0	−0.95%
3167	TOKAI控股	東證PRM	888.0	+5.0	+0.57%
3668	COLOPL	東證PRM	817.0	+6.0	+0.74%
5021	COSMO ENERGY控股	東證PRM	2,454.0	−28.0	−1.13%
5108	普利司通	東證PRM	5,101.0	+42.0	+0.83%
5202	日本板硝子	東證PRM	636.0	+2.0	+0.32%
5802	住友電氣工業	東証PRM	1,526.0	−5.0	−0.33%
7180	九州金融集團	東證PRM	390.0	−4.0	−1.02%
7186	康科迪亞金融集團	東證PRM	467.0	−6.0	−1.27%
7564	Workman	東證STD	6,140.0	+100.0	+1.66%
8111	GOLDWIN	東證PRM	6,560.0	−60.0	−0.91%
8282	K's控股	東證PRM	1,191.0	−7.0	−0.58%

※股價為執筆當時

CHAPTER 6

結合「4日交易」及當沖穩穩賺，勝率至少 64.8%

01 抓單根 K 線的技巧——陰、陽、陰與陽、陰、陽

適用於任何股票，贏得 7、8 成勝率的小技巧

波段交易也好，當沖也罷，長期交易也行，交易都勢必會面臨失敗。某位世界頂級的高速交易基金交易負責人就表示，只要勝率達到 51% 就能贏得巨大的成功。10 戰中只要贏得 7～8 勝，就會獲得更高的利潤。為此需要運用各式各樣的招數，而我構思出的其中一個方法就是「**抓單線**」的小技巧。

當時我一如往常查詢線圖，結果發現一個常見的模式。**假如日線的 K 線是「陽、陰、陽」，隔天就會豎立陽線；假如是「陰、陽、陰」，隔天就會豎立陰線**。這不只適用於特定的股票，也能應用在任何股票上。個股也好、日經平均期貨也好、WTI 原油期貨也好、黃金期貨也好，全部都可以套用。

（1）假如第 1 天是陽線，第 2 天是高於那根 K 線的陰線，第 3 天是更高的陽線，第 4 天大概就是陽線。

（2）假如第 1 天是陰線，第 2 天是低於那根 K 線的陽線，第 3 天是更低的陰線，第 4 天大概就是陰線。

讓我們從理論來思考原因。第1天的陽線買進力道旺盛，第2天勢頭稍微衰退，陰線卻比第1天的陽線還高，第3天勢頭又旺起來，陽線比前一天的陰線還高，而且是從下方上升，力道堪稱強勁。所以第4天也上漲的機率很高。

陰、陽、陰的情況則相反。第1天陰線疲弱，第2天明明是陽線，位置卻比陰線還低，雖說是陽線，實質上卻像是陰線。第3天則是更低的陰線，可以判斷力道相當疲弱，所以第4天跌更低的機率很高。

就像這樣，我們能夠說明為什麼「陽、陰、陽」接下來很可能是陽線，「陰、陽、陰」接下來很可能是陰線。**所以要是發現陽、陰、陽的K線，就要在隔天開盤時掛進買單，收盤時平倉**；反過來說，要是發現陰、陽、陰的K線，就要在隔天開盤時掛進賣空單，收盤時平倉。我想這樣的操作到了隔天就會獲得1根K線的利潤。所以我把這項技巧命名為「抓單線」，並進一步驗證。

▶ **圖 6-1　日經平均期貨　日線圖（2021年6〜8日）**

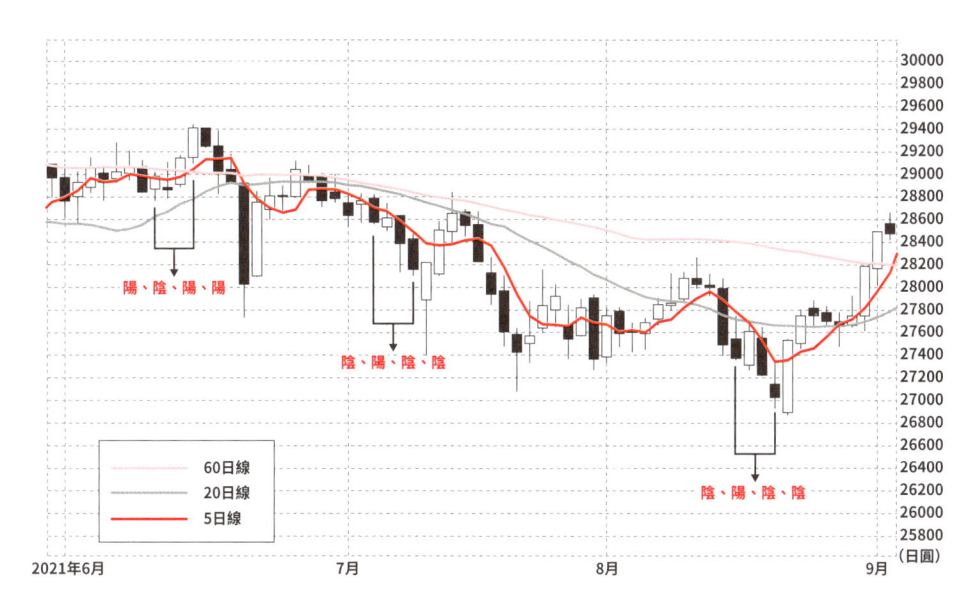

讓我們看看上頁圖6-1，日經平均期貨2021年6～8日的日線圖。由此可以看出，抓單線的技巧如何派上用場。

我就這樣用10年份的線圖模擬交易，創下了91戰59勝32敗的成績，勝率為64.8%。雖然沒有全盤皆輸，卻沒有龐大的獲利。我想設法將勝率提高到80%，於是就分析K線是陰、陽、陰或陽、陰、陽，卻不照規則走的地方，建立了以下策略。

① **短期均線的上漲盤勢中，即使K線是陰、陽、陰也不要加入戰局**

短期均線在上升。就算是陰、陽、陰，接下來也很可能會豎立陽線。所以這種時候最好不要加入戰局。

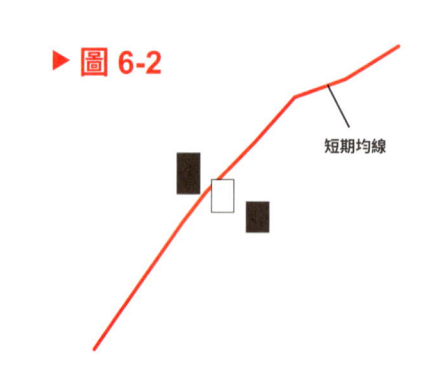

▶ 圖6-2

短期均線

② **當K線為陰、陽、陰，且在下一次開盤「賣空」進場後，超過陰線的收盤價就要停損**

因為K線是陰、陽、陰，所以賣出進場。雖然從低於收盤價的地方開盤，買進力道卻有所成長，股價就超過了收盤價。據此能夠判斷很可能會形成陽線。遇到這種情況**就算著手賣空，也要**

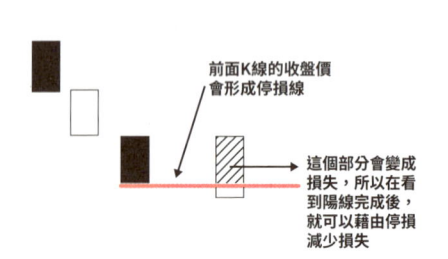

▶ 圖6-3

前面K線的收盤價會形成停損線

這個部分會變成損失，所以在看到陽線完成後，就可以藉由停損減少損失

在超過前一根陰線的收盤價時停損。這樣就能少虧止血。

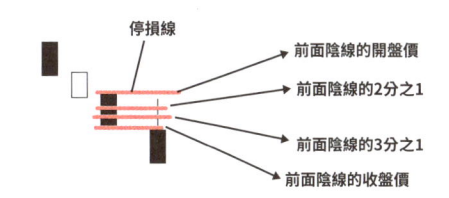

不過,也不是沒有暫時上漲卻在收盤價下跌的案例。要先設想到這一點,再將停損線設定在前一根陰線的 3 分之 1、2 分之 1,或是開盤價也可以。沒有正確答案,依照操盤手個人的想法決定就好。

▶ 圖 6-4

停損線
→ 前面陰線的開盤價
→ 前面陰線的2分之1
→ 前面陰線的3分之1
→ 前面陰線的收盤價

③當 K 線為陰、陽、陰,最後一根陰線的下影線很長時,就不要進場

雖然下影線很長,股價暫時跌到最低點,卻可以判斷買方力道會回增。所以**接下來很可能會豎立陽線**。

▶ 圖 6-5

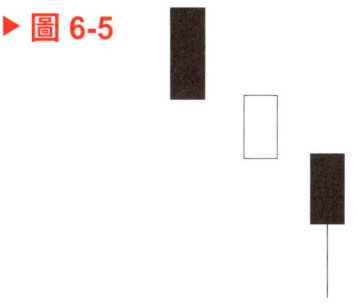

④當 K 線為陽、陰、陽,第一根陽線碰到短期均線時就要觀望

陽線第一次碰到短期均線時,就意味著以往的股價是在短期均線的下方波動。這是股價第一次上漲到均線處,**上漲的力道似乎沒那麼強**。因此我們可以預期,與其說 K 線會在陽、陰、陽之後突破短期均線豎立陽線,撞

▶ 圖 6-6

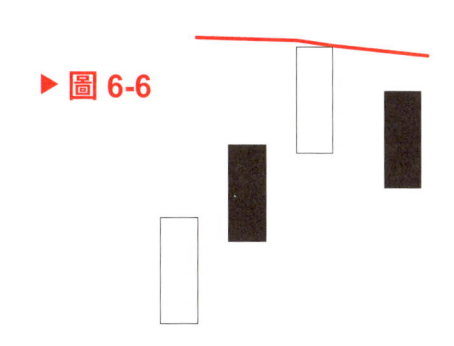

CHAPTER 6 結合「4 日交易」及當沖穩穩賺,勝率至少 64.8%　125

到短期均線後下跌的可能性還比較高。

⑤當K線為陰、陽、陰，第2根陰線剛好在「節點」止跌時就要觀望

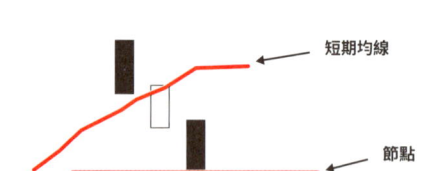

▶圖 6-7

請各位記得，這多半發生在持平的盤勢中。雖然可以預測陰、陽、陰的模式接下來會變成陰線，節點有時卻會形成支撐線，讓股價上漲。另外在持平的盤勢中，即使3根K線下跌也很可能回漲3根，盤勢難以預測股價的波動。因此**最好不要在這種盤勢中交易**。

⑥當均線的排列方式並非短期、中期及長期，沒有顯示會上漲時，第9根K線以後要觀望

我們就以圖 6-8 日經平均期貨 2013 年 5～8 月的線圖來說明。

Ⓐ是陽、陰、陽、陽，Ⓑ是陰、陽、陰、陰，Ⓔ是陰、陽、陰、陰，符合規則，能以「抓單線」的方式獲得盈餘。

然而ⒸⒹ是陽、陰、陽，若接下來照規則走應該是陽線，結果卻出現陰線。我們來計算一下K線的數量。ⒸⒹ的盤勢中，均線的排列方式並非上漲時的順序（短期、中期及長期）。目前為止已說明過好幾次，即使股價續漲，到了第9根K線也多半會碰到天花板，轉為下跌或持平。

上升的起點是第1根，所以Ⓒ就相當於第9根、第10根K線。

▶ **圖 6-8　日經平均期貨　日線圖（2013 年 5～8 月）**

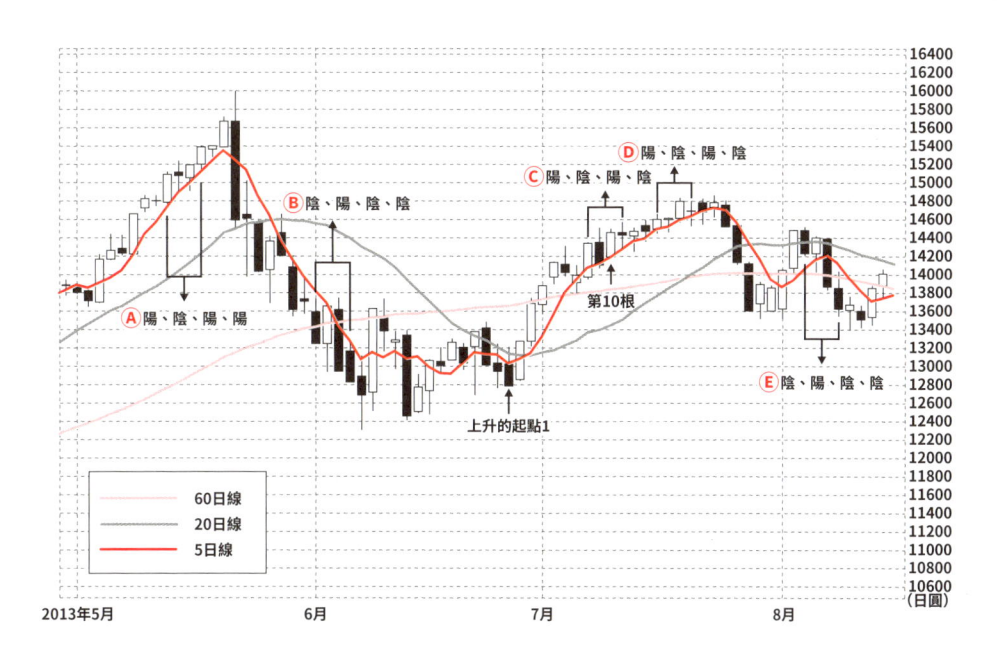

第 9 根 K 線以後多半不照規則走，交易時需要當心。

我們再來具體看看怎麼運用①～⑥的策略。下頁圖 6-9 是日經平均期貨 2012 年 8～9 月的日線圖。

Ⓐ就如陽、陰、陽的規則，下一根也是陽線，可以「抓單線」。假如Ⓑ和陰、陽、陰的規則一樣就會是陰線，結果卻出現陽線。這個案例就屬於前面策略③的下影線和策略⑤的節點。

ⒸⒻ就如陰、陽、陰的規則，下一根也是陰線，可以「抓單線」。

Ⓓ雖然是陽、陰、陽，下一根卻出現陰線。Ⓓ是從開始上升的起點算起的第 9 根 K 線，相當於策略⑥，請觀望。

▶ 圖6-9　日經平均期貨　日線圖（2012年8～9月）

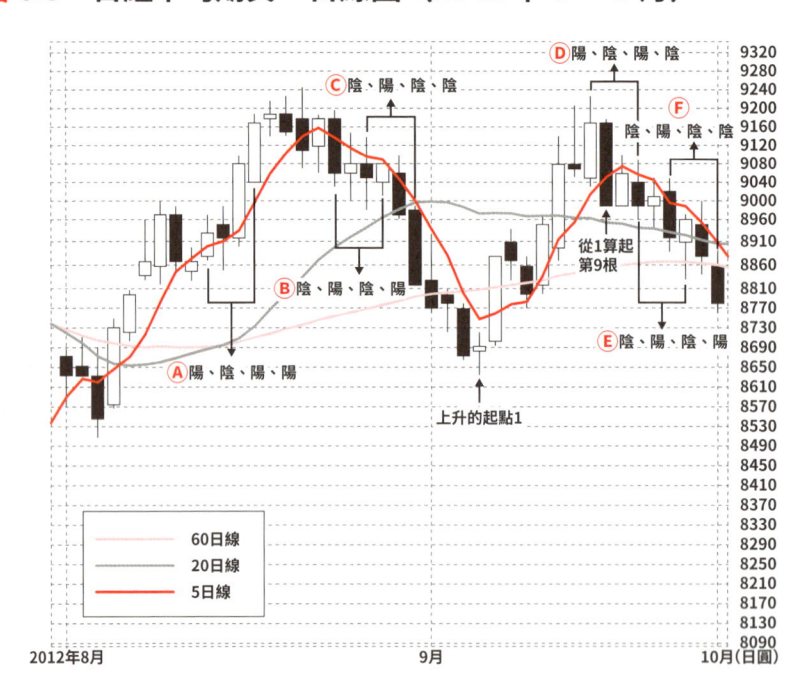

　　Ⓔ雖然是陰、陽、陰，下一根卻出現陽線。這裡原本可以預期出現陰線，為什麼是陽線呢？可以把股價的波動當成一種「生物」，明白即使發生這種事，多半都還是可以順利操作。

　　另外，我曾研究「抓單線」規則中特別得心應手的盤勢，得出以下的結論：

▶ 圖 6-10　日經平均期貨　日線圖（2013 年 6 ～ 7 月）

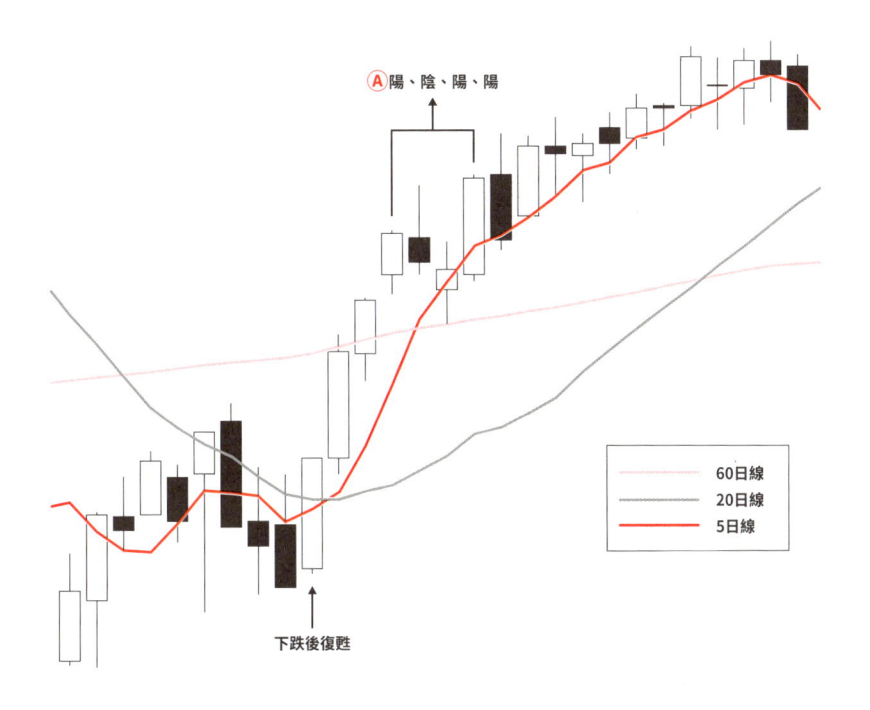

Ⓐ陽、陰、陽、陽

下跌後復甦

60日線
20日線
5日線

特別得心應手的盤勢①
均線的排列方式為短期、中期及長期，K 線暫時下滑卻再次上升，之後才出現陽、陰、陽

我們來看看圖 6-10 日經平均期貨 2013 年 6 ～ 7 月的線圖。均線由下排到上為短期、中期及長期，從下跌復甦後的Ⓐ為陽、陰、陽、陽，符合規則。

CHAPTER 6　結合「4 日交易」及當沖穩穩賺，勝率至少 64.8%　129

▶ 圖 6-11　日經平均期貨　日線圖（2013 年 5～6 月）

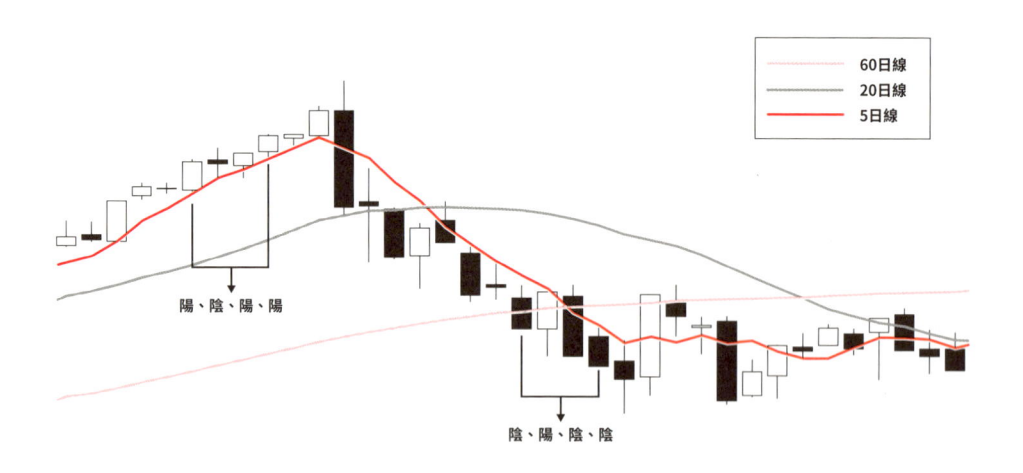

陽、陰、陽、陽

陰、陽、陰、陰

特別得心應手的盤勢②
短期均線角度陡峭

　　看看圖 6-11 日經平均期貨 2013 年 5～6 月的線圖，可以看出角度陡峭的盤勢較可能會符合規則。

　　反過來說，就如接下來所示，也有某些特別偏離規則走的盤勢。我們用線圖來說明吧。

▶ 圖 6-12　日經平均期貨　日線圖（2012 年 8 ～ 9 月）

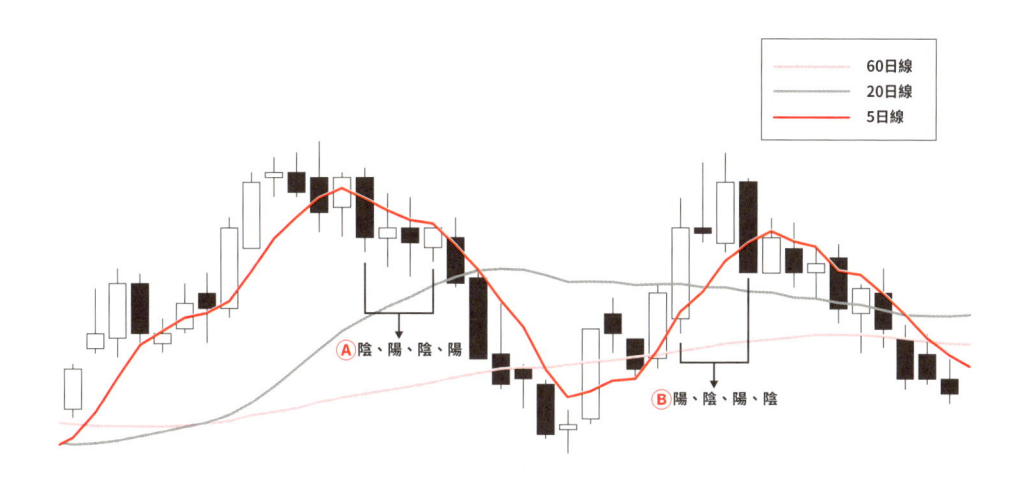

特別容易偏離規則的盤勢①
短期均線從下方突破長期均線，之後來到天花板附近

　　圖 6-12 為日經平均期貨 2012 年 8 ～ 9 月的線圖。

　　短期均線突破長期均線時，上漲的力道還很薄弱，賣方和買方的勢頭也相互抗衡，看來是容易形成盤整的趨勢。所以Ⓐ雖然是陰、陽、陰，屬於會豎立陰線的型態，不過買方力道加強，結果就變成陽線。Ⓑ則是陽、陰、陽，屬於接下來會豎立陽線的型態，不過賣方力量增強，於是就變成陰線。

特別容易偏離規則的盤勢②
短期均線角度和緩的盤勢

　　角度和緩代表上升或下滑的力道還很薄弱，很可能不照規則走。

▶ 圖 6-13　日經平均期貨　日線圖（2012 年 3～4 月）

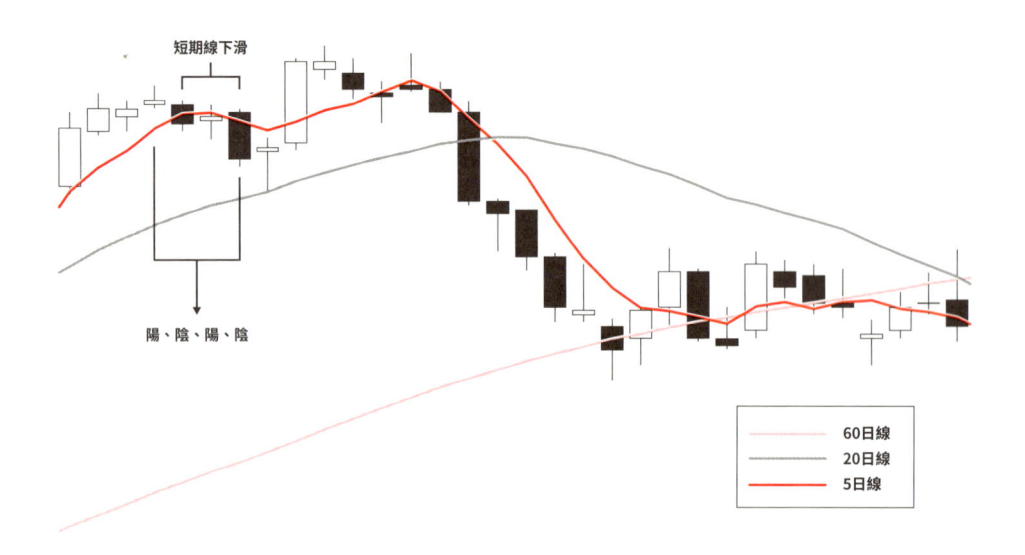

短期線下滑

陽、陰、陽、陰

60日線
20日線
5日線

特別容易偏離規則的盤勢③
即使是短期、中期及長期均線這種會上漲的排列方式，短期均線也下跌到中期均線附近

　　圖 6-13 為日經平均期貨 2012 年 3～4 月的線圖。短期均線下跌到中期均線的附近時，就會在陽、陰、陽之後出現陰線。這股均線的波動往往是賣方和買方交錯，難以預測。

特別容易偏離規則的盤勢④
陰、陽、陰的下 1 根 K 線碰到均線的盤勢

　　這股波動也和上述的③一樣，波動會變得不穩，不照規則走。

▶ **圖 6-14　日經平均期貨　日線圖（2014 年 8～9 月）**

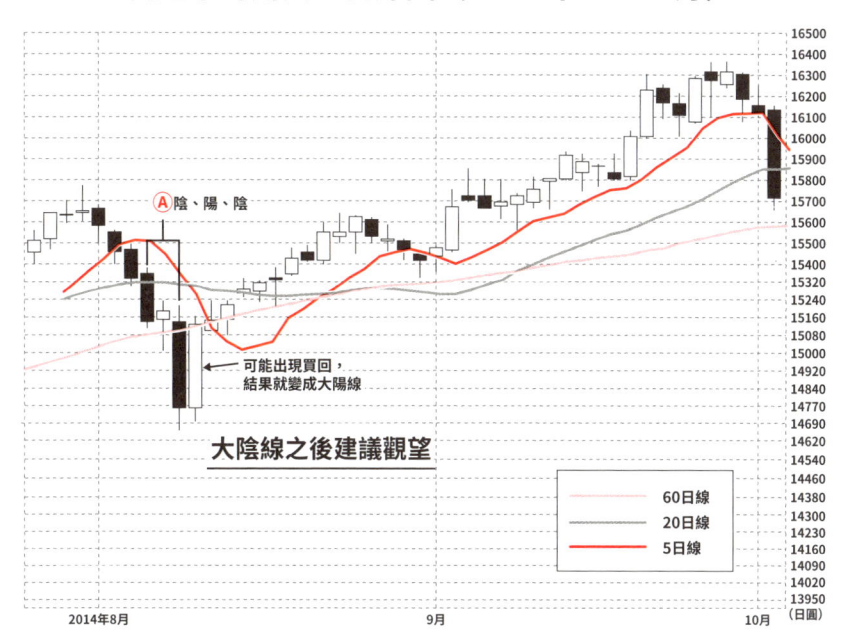

圖中標註：
- Ⓐ 陰、陽、陰
- 可能出現買回，結果就變成大陽線
- 大陰線之後建議觀望
- 60日線、20日線、5日線

特別容易偏離規則的盤勢⑤

陰、陽、陰的最後一根陰線 K 線本身相當長

圖 6-14 為日經平均期貨 2014 年 8～9 月的線圖。

雖然Ⓐ是陰、陽、陰，但若出現這麼長的大陰線，隔天被人買回的可能性就非常高。結果多半會變成陰、陽、陰、陽，不照規則走。

以上就是「抓單線」的技巧。雖然這種型態不會頻頻出現，若能搭配其他技巧，或是活用在多檔股票上，相信就可以逐漸累積利潤。

CHAPTER 6　結合「4 日交易」及當沖穩穩賺，勝率至少 64.8%　133

02 結合 4 日交易及當沖

從上漲和下跌中，推導出 9、17、23 日法則

　　無論短期還是長期，股價都會不斷起伏。以為漲了卻跌，以為跌了卻漲──所有的股票都只會重複以上的過程。這股波動有時跟業績的好壞有關，有時無關。40 年來，我每天進行交易，明白**股價波動多半和業績關係不大**。

　　我 1 天看線圖 5 小時以上，40 年來日復一日，累積出龐大的觀看圖表數。拜此所賜，除了股價的線圖以外，就連美國就業統計和其他各式各樣的經濟指標，也可以稍微判讀接下來會怎麼波動。

　　於是，我利用不斷起伏的股價波動，思考能夠提升利潤的技巧，**發明出「9 日法則」、「17 日法則」及「23 日法則」**。股價上上下下的過程當中，**連漲或連跌短則 9 天起跳，長則最多 23 天**。

　　假如要透過上漲趨勢說明 9 日法則，就是從上漲的起點算起共漲 9 天，即使中途穿插 1、2 天的陰線，也包含在這一波上漲之內。當上漲勢頭非常強勁時，就會漲到超過 9 天，直到第 17 天為止，但絕大多數都會碰到天花板，所以**最好不要鎖定已上漲 17 天的股票**。偶爾股價會持續漲到 17 天以上，直到 23 天為止。話雖如此，之後卻幾乎都會碰到天花板、驟跌或盤整。超過 23 天之後，就算覺得上

漲趨勢會持續，也不要掛進新買單。假如在上漲盤勢之初買進就要平倉，這樣比較不會承擔風險。

同樣的情況也可以應用在下跌盤勢，續跌也是短則9天，長則最多23天。

能夠使用9日、17日及23日法則的盤勢，以下列情境為主：上漲盤勢當中，均線的位置由下排到上為60日線、20日線及5日線時；下跌盤勢當中，均線由上排到下為60日線、20日線及5日線時。假如在上漲盤勢當中，100日線在60日線的下方；或是在下跌盤勢當中，100日線在60日線的上方，就完美了。

均線的這種排列方式在上漲盤勢時，我將之命名為「PPP」，在下跌盤勢時則命名為「反PPP」（圖6-15）。因為可以想像股價隨著PPP（叭叭叭）的號角聲一起上升。

▶ **圖 6-15　海產品公司瑪魯哈日魯（1333）日線圖（2021年2～6月）**

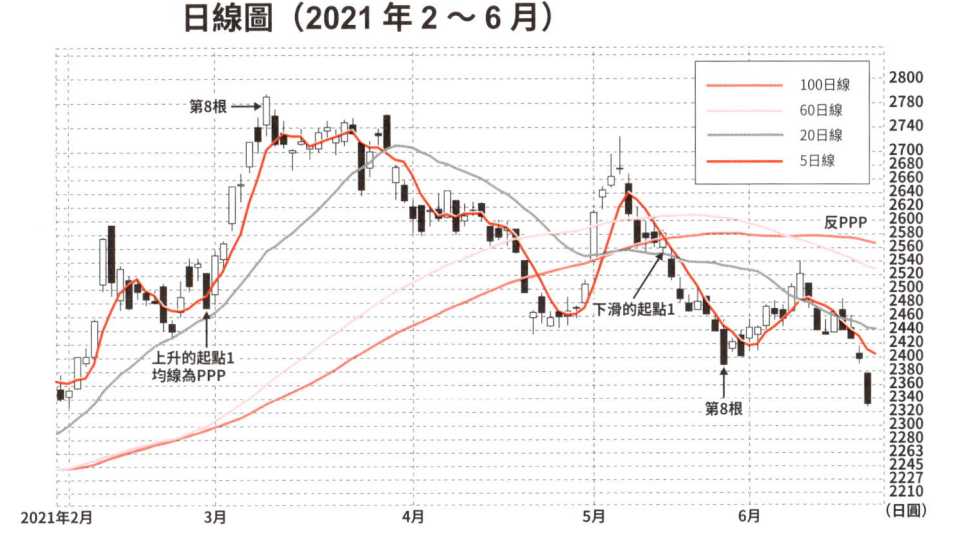

無論漲也好，跌也罷，都以 9 天、17 天及 23 天為周期。所以上漲過了第 8 天雖然續漲，第 10 天卻下跌，這也不是稀奇事。有時上漲力道似乎很強烈，所以沒有平倉而是繼續持倉，結果到第 16～17 天卻遭遇驟跌，之前的利潤就變成了 2／3。

如果在上漲趨勢初期進場並持續獲利達 17 天，賺到很多利潤時，覺得稍微下跌也沒關係而繼續持倉，就可能會在 23 天前後驟跌。

就連 2008 年美國發生雷曼兄弟事件，讓世界股價同時下跌時，紐約道瓊工業平均指數的下跌也只持續了約 25 至 26 天。就如之前談過的一樣，股價會屢屢發生變化，**以 9 天、17 天及 23 天為基準考慮平倉或著手交易，是一種有效的策略**。

使用日線進行 4 天以內的超短期交易

股價的波動除了 PPP 和反 PPP 以外，還有其他的波動。我查詢某檔股票 30 年來的線圖，發現 PPP 和反 PPP 的波動總計為 15 年，除此之外的波動總計為 15 年，也就是兩者各半。

續漲或續跌 9 天、17 天及 23 天的現象，幾乎都出現在 PPP 和反 PPP 時。除此之外就是半吊子的上漲或下跌，而非徹底的上漲或下跌（圖 6-16）。

那麼，這種從一檔股票中發現到的傾向，是否也適用於其他股票呢？於是我調查了一下，研究 300 檔股票。既然是 300 檔股票 30 年來的線圖，就等於是查詢過 9,000 年份的資料。結果發現，總計 4,500 年份的既不是 PPP 也不是反 PPP，而是輕微上漲和輕微下跌這種趨

▶圖 6-16 日清製粉集團總公司（2002）周線圖（2014年9月～2017年3月）

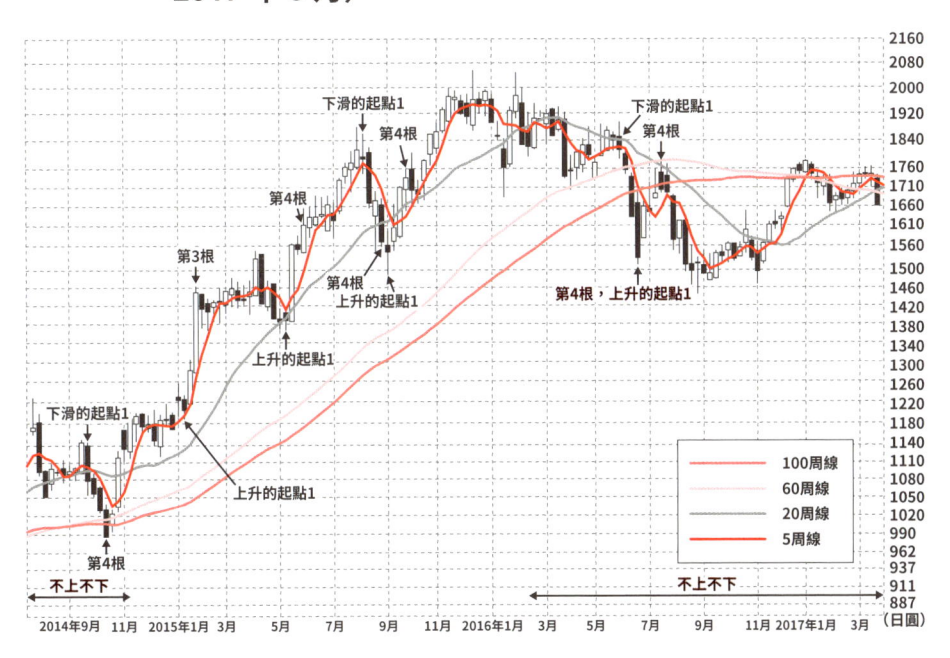

勢長期不連貫的期間。假如在這時計算上漲或下跌的期間，答案是平均約為4天，漲4天後就會止漲、跌4天後就會止跌。

股市便是以4天、4天、4天為循環波動。這樣看來，要是以4天為基準平倉或著手交易，就會操作得相當順手。

即使是PPP或反PPP以外的上漲趨勢也一樣，漲9天當中可以只買4天再平倉，剩下的5天什麼也不做。假如是下跌趨勢，就是在跌9天當中只賣4天就平倉，剩下的5天什麼也不做。只要這樣交易，安全性就會增加。雖然當沖是1天內就會結束買賣的交易，但

若在4天內結束交易，就會減少「以為會漲而買進卻驟跌」的大風險，進而提升利潤。所以就結合當沖和4日內的交易吧。

交易的方法就和當沖一樣，但要使用**日線**而不是分線，並藉由前面解說過的「抓單線」法，在陽、陰、陽的下一根陽線，與陰、陽、陰的下一根陰線平倉。

除此之外，還可在買賣前藉由日線做出以下判斷。請看圖6-17，K線盤整持平，試圖往上突破。就算上漲大多為期4天，所以之後可能只剩下3天的上漲空間。因為看到上漲而試圖掛進買單，那麼持平的最後一天是第1天，突破的日子是第2天；而看到第2天的情況後才買進，買入進場的日子為上漲後第3天的開盤時。假如隔天股價上升，就相當於上漲的第4天，就要在第5天的開盤時平倉。

▶ **圖 6-17　瑪魯哈日魯（1333）日線圖（2021年4～6月）**

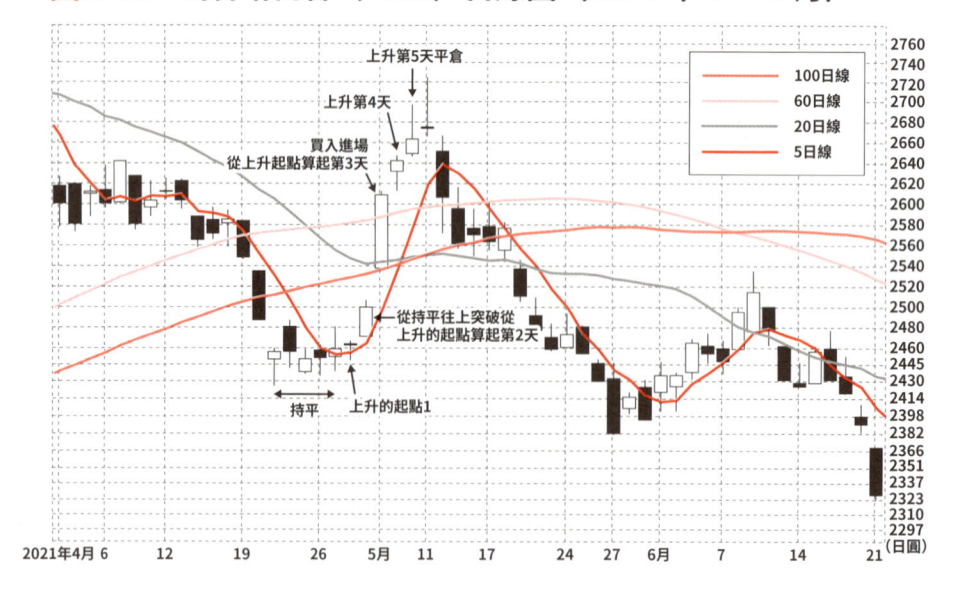

賣空也一樣。如果在盤整後看到陰線往下突破後進場,掛進賣單的日子就是下跌起第 3 天的開盤時,並在看到隔天的下跌後,於第 5 天的開盤時平倉。

　　買進也好,賣出也好,都要在第 3 天的開盤時進場,並在看到第 4 天的情況後,於第 5 天的開盤時平倉,所以交易期間實質上是 2 天。由於第 5 天的收盤時趨勢有時會逆轉,可能會從漲到跌或從跌到漲,所以 **4 天以內的交易較可能獲得利潤,可說風險也相對低**。

　　國外投資客當中也有不少專門做當沖的人,是以 3～4 天的交易為主要策略。還有很多人說自己做當沖時是以 4 天為一個段落。**4 天以內的交易比使用分線交易更穩定**,因此我特別推薦這個交易法。

CHAPTER

7

制定簡單獲利計畫，
晚上也能靠日經平均
期貨賺錢

01 制定交易獲利計畫

關鍵是了解每次交易會賺到多少利潤

我們要先了解投入多少資金後會獲得多少利潤。比如當K線往上突破後買進500股,再於第一根陰線、節點或第9根K線平倉,這樣反覆交易下去,卻不知道這次交易會賺到多少利潤,既沒有意義,更沒有交易的價值。因為這就只是進場再出場而已。

那麼到底會獲得多少利潤呢?我們就以豐田汽車(7203)為例來計算一下(圖7-1)。

▶ 圖7-1 豐田汽車 5分線圖(2021年10月28～29日)

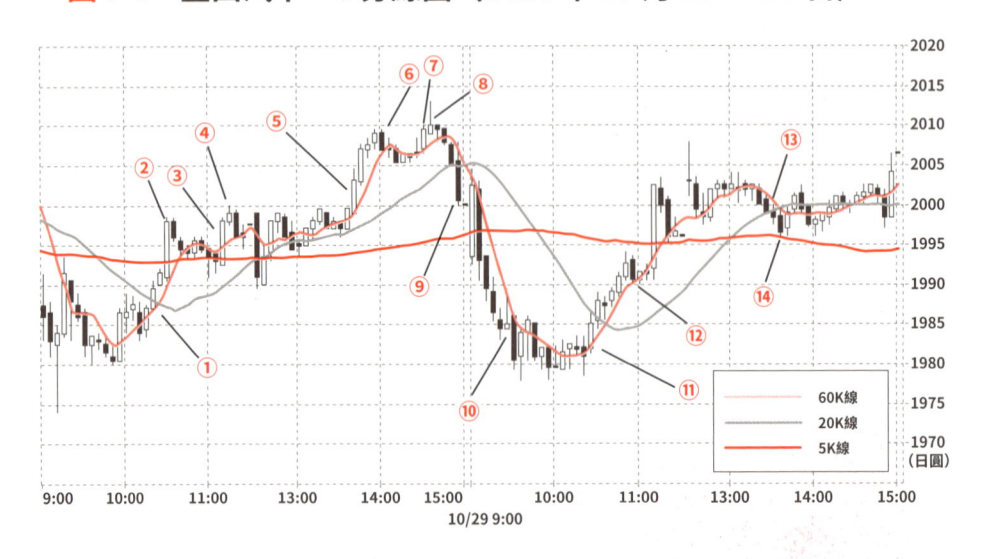

首先是這 2 天的波動，28 日從上午開始上漲到收盤，29 日則從前一天的上漲跌下來，再於 28 日的最低點觸底，接著再次上漲，然後盤整。

那麼我們就來進行交易吧。首先在①的 K 線完成前後買進，再於②的 K 線完成前後平倉，然後以同樣的方式買在③再於④平倉、買在⑤再於⑥平倉、買在⑦再於⑧平倉、在⑨賣空再於⑩平倉、買在⑪再於⑫平倉、在⑬賣空再於⑭平倉，在 2 天內做了 7 次交易。

接著我們來計算一下利潤，但先不考慮手續費。股價約為 2,000 日圓，每次交易時買賣 200 股。因為是以 2,000 日圓操作 200 日圓，所以需要 40 萬日圓的資金。**假如使用信用交易（融資及融券），只要將 30 萬日圓存進證券戶即可交易，但這有點危險。若能擁有 100 萬日圓，就比較能夠安心買賣。**

第 1 天①～②的交易是以 1,990 日圓進場，再以 1,998 日圓出場平倉。利潤為 1 股 8 日圓，200 股就是 1,600 日圓。各位或許會覺得「只能賺 1600 日圓嗎？跟兼差的時薪差不多啊？」，不過先了解利潤是很重要的。

接下來③～④的交易是以 1,997 日圓進場，1,999 日圓平倉。既然利潤為 1 股 2 日圓，200 股就是 400 日圓。實際衡量手續費後或許會變成零。⑤～⑥從 2,003 日圓漲到 2,009 日圓，所以是 1,200 日圓的利潤。⑦～⑧從 2,009 日圓漲到 2,010 日圓，所以是 200 日圓的利潤。這一天做了 4 次交易，總共賺到 3,400 日圓的利潤。

使用 40 萬日圓獲得 0.85% 的利潤，各位是否認為「只有 3,000 日圓……去兼差不是比較好」？但就算覺得「很少」，我們也要試著

思考一下。以日經平均期貨為例，現值為 3 萬日圓左右。假如新聞說「今天漲了 255 日圓」，會覺得相比之下是還算不錯的漲幅。所以**對於 3 萬日圓的日經平均期貨來說，0.85% 的利潤是不錯的金額。**

那麼，要是在豐田股票的買賣增加到 800 股會怎麼樣呢？200 股的利潤是 3,400 日圓，4 倍就是 1 萬 3,600 日圓，這樣的獲益還不賴。假如數量翻倍到 1,600 股，利潤也會是成倍的 2 萬 7,200 日圓，相信比兼差還要好。不過，這時投入的資金為 320 萬日圓。**假如信用戶中存了 150 萬日圓，進行 1,600 股的交易是相對安全的。**

假如有一天技巧更高竿，懂得操作 2,000 股，就會從 200 股的利潤 3,400 日圓，變成 10 倍 3 萬 4,000 日圓。要是 1 天有 3 萬 4,000 日圓的利潤，1 個月開市 20 天就是 68 萬日圓。話雖如此，也不一定會全勝。有時也會落敗而出現損失，因此不妨將利潤設想成全勝時 68 萬日圓的 70%，這樣就是 47 萬日圓左右。如果能全勝 1 個月賺到 68 萬日圓，年收入就會達到約 800 萬日圓。

就如現在說明的一樣，要是能夠定期交易 2,000 股，年收入就會達到約 800 萬日圓。不差吧？雖然一開始的 1,600 日圓讓人失望，**但年收入有一天很可能會達到 800 萬日圓。**

接下來就以 500 股交易看看。假如在⑨進場再於⑩處出場，1 股的利潤就是 12 日圓，500 股就是 6,000 日圓。同樣在⑪～⑫交易時 1 股的利潤為 6 日圓，500 股就是 3,000 日圓。⑬～⑭ 1 股的利潤為 2 日圓，500 股就是 1,000 日圓。因為利潤為 6,000 日圓、3,000 日圓及 1,000 日圓，所以當天是賺到 1 萬日圓，1 天 1 萬日圓並不差。假如是 1,000 股就會變 2 倍，1 天 2 萬日圓；20 天就是 40 萬日圓。

但這裡有時也會虧損，要以 7 成估算，所以是 28 萬日圓。

假如第 2 天以 2,000 股交易，1 天就有 4 萬日圓。第 1 天以 2,000 股買賣，1 天利潤為 3 萬 4,000 日圓，所以這 2 天加起來就是 7 萬 4,000 日圓。2,000 股以第 2 天的情況交易 20 天，就有 80 萬日圓的利潤。衡量到虧損取其 7 成，也就是 56 萬日圓。

因此我們可以設想這樣的利潤計畫：假如有價格約 2,000 日圓的股票，買賣 500 股左右之後，大約每天可獲得 1 萬日圓；要是能交易 2,000 股，1 天則會有 4 萬日圓左右。只要像這樣**制定每天利潤有多少的計畫，就會知道要買賣多少股數、為此需要多少資金**。

根據實力，獲得的利潤也會慢慢提升

雖然希望在交易前制定獲利計畫，不過**計畫應該從自己的實力逆推回去**。明明沒實力卻想賺 50 萬日圓、買賣幾千股，一旦失敗也會統統倒賠。假如以 2,000 股交易⑨～⑭，一天利潤就是 4 萬日圓，若全都失敗，就會變成 4 萬日圓以上的虧損。

設定股數時要從 100 股開始，而不是從自己想要賺到的金額逆推回去。而且無論勝負都要檢討，矯正失敗之處的同時提高自己的實力，不久後再增加交易量，從 100 股增加到 300 股、從 300 股增加到 500 股。要是懂得以 500 股交易，一天就有 1 萬日圓。**若能以 500 股定期賺到利潤，接下來就挑戰 1,000 股**。只要能夠交易 1,000 股，再假設會大獲全勝，一年就可以賺到 500 萬日圓左右。

獲利計畫不要從利潤逆推，要先了解 2,000 日圓的股票有多少利

潤，再慢慢增加股數。**即使有資金可以投進 1,000 股，也要在有相當實力之前以些微的股數交易，加以練習，培養實力之後再接近目標。**

首先要了解獲利計畫，**經過訓練，有了 7～8 成的把握後，再實際交易**。投入資金的交易和訓練不同。我們要投入最低金額，盡量將損失停留在最小，直到實際交易能和練習時一樣成功為止。

只要了解自己的勝率，並在訓練的同時持續交易，勝率就會逐漸提升。若能像前面的獲利計畫一樣以 2,000 股交易，就能月賺 80 萬日圓；要是可以操作得更高明，以 4,000 股交易，每個月還可以賺到 160 萬日圓。

02 進行日經平均期貨當沖，要有效運用節點

節點是止漲和止跌的位置

相信除了日股的個股以外，交易日經平均期貨的人也很多。個股交易時間為白天上午 9 點～下午 3 點，中間夾著午休；日經平均期貨的交易時間卻是上午 8 點 45 分～下午 3 點 15 分、下午 4 點 30 分～隔天早上 6 點，半夜也能操作。**能在各個時段進行當沖或短期交易，相信能帶來不少樂趣。** 實際上也有個人投資客是在夜間進行交易。

圖 7-2 的線圖是日經平均期貨 2021 年 4～10 月的日線圖。畫出

▶ 圖 7-2　日經平均期貨　日線圖（2021 年 4～10 月）

橫線的價格水準會形成 2 萬 9,000 日圓、2 萬 8,500 日圓、2 萬 8,000 日圓及 2 萬 7,000 日圓的節點。

4 月股價雖然下跌，卻停滯在 2 萬 9,000 日圓，接著暫時上漲之後就跌破 2 萬 9,000 日圓（①），並使勁往下掉。在下影線延伸到 2 萬 7,000 日圓附近時止跌（②），隨後又漲到 2 萬 9,000 日圓（③），止住漲勢。爾後雖然超過 2 萬 9,000 日圓（④），卻又跌破，並在 2 萬 8,000 日圓一帶止跌（⑤）。

股價從那裡再次上升，卻在 2 萬 9,000 日圓止漲（⑥）。然後再次下跌，下影線延伸到 2 萬 7,400 日圓附近後止跌（⑦）。接著股價再次上升，上影線延伸到 2 萬 9,000 日圓這邊止漲（⑧）。後來股價下滑，下影線延伸到 2 萬 7,000 日圓附近就止住跌勢（⑨）。接著又上漲，但上影線在超過 2 萬 8,000 日圓的地方止住漲勢（⑩），之後稍微下跌，又再度上漲，卻在超過 2 萬 8,000 日圓的地方止住漲勢（⑪），隨後在 2 萬 7,000 日圓的附近止跌（⑫）。爾後雖然大幅上漲，卻在 3 萬日圓上下盤整，接著續跌，下影線在 2 萬 7,000 日圓的附近止跌（⑬）。之後價格反彈，上影線漲到超過 2 萬 9,400 日圓（⑭），下跌後就在節點 2 萬 8,500 日圓一帶止跌（⑮）。

就如透過線圖發現的一樣，在日經平均期貨的交易中，節點會成為關鍵，這可以當作一個技巧。當價格漲到或跌到接近節點會怎麼樣？只要預測接下來的波動再進行交易，想必會更加得心應手。

這張線圖沒有特別挑選顯著的盤勢。就算擷取其他期間，也會形成幾乎類似的結果。

讓我們再看看一個例子。這是日經平均期貨 2019 年 11 月～

▶ 圖 7-3　日經平均期貨　日線圖（2019 年 11 月～ 2020 年 6 月）

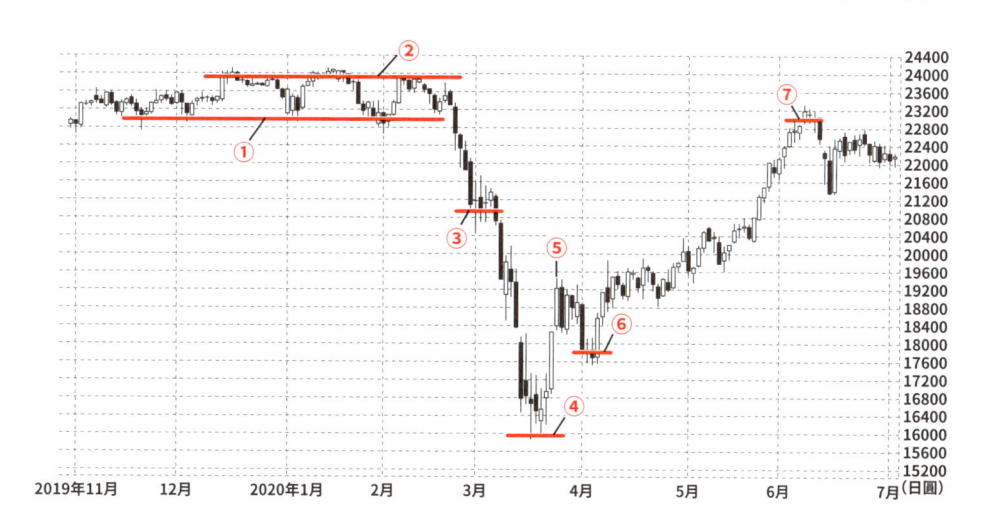

2020 年 6 月的日線圖（圖 7-3）。

　　從 2019 年 11 月起到 2020 年 2 月初為止，股價在節點 2 萬 3,000 日圓附近止跌（①），並約在 2 萬 4,000 日圓止漲（②）。後來股價跌破 2 萬 3,000 日圓左右的節點，並約在 2 萬 1000 日圓止後跌 1 次（③），然後又下跌，下影線延伸到 1 萬 6,000 日圓左右後止跌（④）。這是 2020 年 3 月新型冠狀病毒傳染病擴大而造成的暴跌，接下來股價卻上漲，漲到 1 萬 9,000 日圓的頂部（⑤）。然後下跌，並在 1 萬 7,800 日圓附近止跌（⑥），又再次上升，達到 2 萬 3,000 日圓左右的天花板（⑦）。

　　就像這樣，在日經平均期貨當中，通常每隔 1,000 日圓就會有 1

個關鍵節點，上漲時撞到每隔 1,000 日圓的節點就會止漲，下跌時撞到每隔 1,000 日圓的節點就會止跌，這種價格變動的「習性」是很有幫助的，交易時必須加以運用。

不只是日線，<u>15 分線的交易也可以運用節點</u>。假如下跌後逼近節點，就能預期或許會止跌，準備掛進買單；假如再次上漲後在節點止漲，就要平倉買單或是準備賣出。**要巧妙使用節點制定交易策略。**

5 分線和 1 分線也一樣，比如來到 2 萬 7,000 日圓或 2 萬 8,000 日圓附近時，就能預期<u>趨勢很可能發生轉換</u>，一旦出現變化就可以準備進場。

類似日經平均期貨的交易中，無論日線也好，分線也好，都可以建立運用節點的策略。當然，4 天內結束的交易也一樣。前面的線圖當中也能看到 3 天或 4 天止漲止跌的盤勢。**<u>在日經平均期貨的當沖中，節點會成為有效的策略</u>。**還可以搭配其他策略運用節點，請各位記住這一點。

CHAPTER

8

將絕技內化的 4道最強練習題

01　15 分線圖的練習題

思考進場和出場的理由

　　接下來是練習題，要在 15 分線圖填入進場點和出場點。首先請運用本書的知識，思考進場和出場的理由，再對照解答。解答當中也有部分內容是前面沒有說明過的，請趁這個機會將「看了才曉得」的知識和技巧，吸收為自己的東西。

　　線圖為 15 分線，形成 1 根 K 線要花 15 分鐘，這段時間足以充分思考。15 分線就表示 1 小時有 4 次進場時機，比 5 分線或 1 分線少，線圖卻比較穩定，形狀也容易了解。若換做是 1 分線，有時就會出現異常的股價波動，需要的知識或技巧不同，有時也挺讓人精神崩潰。

　　進場和出場要在過了 14 分鐘、K 線幾乎快完成時，或是下次 K 線開盤時進行。

　　那麼，我們就來一起做以下的練習題。

【問題①】

　　圖 8-1 為 WTI 原油期貨的 15 分線圖。均線由上到下為 100K 線、60K 線、20K 線及 5K 線。請思考①～⑪進場和出場的理由。

▶ 圖 8-1　WTI 原油期貨　15 分線圖

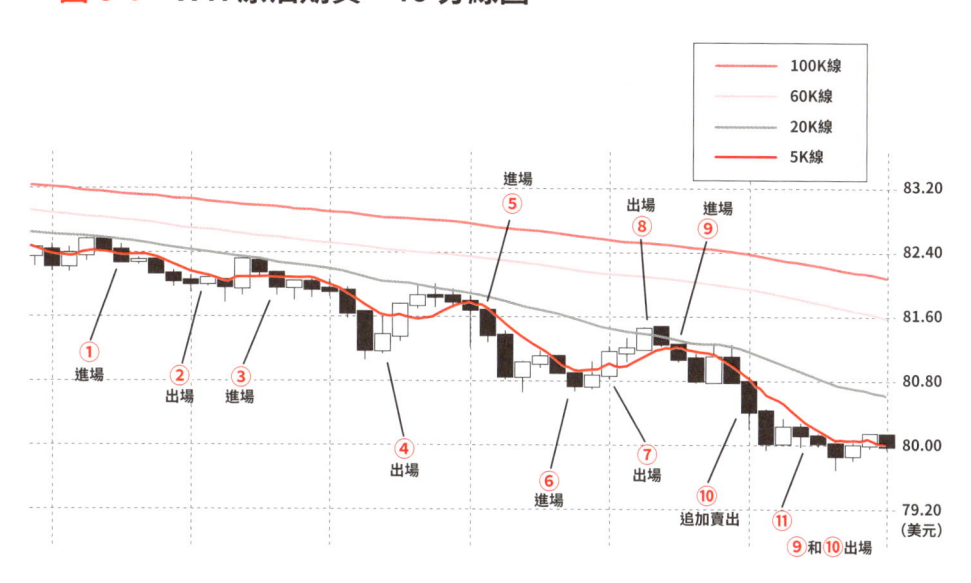

```
                                              100K線
                                              60K線
                                              20K線
                                              5K線
```

進場⑤　出場⑧　進場⑨

①進場　②出場　③進場　④出場　⑥進場　⑦出場　⑩追加賣出　⑪　⑨和⑩出場

83.20 / 82.40 / 81.60 / 80.80 / 80.00 / 79.20（美元）

◆問題①的解答

　　從均線的排列可以判斷波動疲弱。止漲之後①的陰線猛然跌破 2 根 K 線，意味著拔河中往疲弱的一方移動。所以要在①的陰線完成的 14 分鐘之際，或是在下一根 K 線開盤時賣出進場（不過高階者可在這根 K 線之前進場）。

　　出場時機方面，當均線像這樣疲弱時，要從下滑的起點算起持倉到第 6 根 K 線。假如第 7 根是陽線就收尾且接下來的第 8 根是陽線，就在第 8 根收尾。假如第 8 根是陰線，就算到第 9 根。不過，無論第 9 根 K 線是陰線或陽線都可以出場。請牢記這項規則。

CHAPTER 8 將絕技內化的 4 道最強練習題　153

那麼，我們就來數一下練習題的K線（圖8-2）。下滑的起點是①前面的陰線Ⓐ，從這裡算起的②是第7根K線，因為出現了陽線，所以要在14分鐘時出場。確定K線真的完成後，就在下次K線開盤時平倉。

顯示下跌趨勢的均線順序不變。②之後K線由下而上往20K線走，但均線呈現下跌趨勢，能夠推測很可能會下跌。後來K線碰到20K線出現陰線，再跌破5K線，形成③的陰線，所以掛進賣單。

判斷是否該平倉時要計算K線的根數。從下滑的起點Ⓑ算起，第8根④豎立的是陽線，所以要出場。

從④之後K線就往上走，**均線的順序卻顯示下跌，很難在這裡掛進買單**。反倒像前面③④那樣，碰到20K線卻沒有越過的話，即

▶ 圖8-2　WTI原油期貨　15分線圖

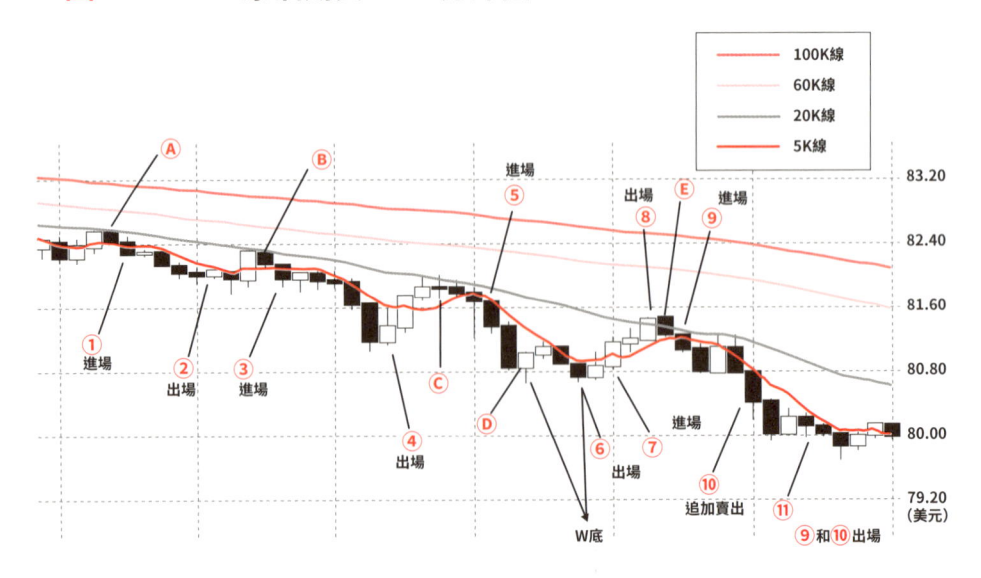

使覺得「要賣」也最好觀望動向。接著出現 3 根 K 線，也就是經過 45 分鐘後，還是沒有越過 20K 線，然後就跌破 5K 線。但由於回到最低點之後出現下影線，所以仍留有些許再次上漲的可能性。就在觀望而不進場之後，發現 K 線在⑤的地方完全跌破，所以在這裡掛進賣空單。

判斷是否該出場時要計算 K 線的根數。起點是紡錘線的 K 線Ⓒ。第 6 根 K 線出現陽線Ⓓ。雖然是在第 7 根出現陽線後收尾，**若看看均線，就會發現 5K 線和 20K 線的間隔在變寬，表示力道疲弱**。所以不要在第 7 根砍單，而是忍耐續抱。平倉的規則是當第 8 根為陰線、第 9 根無論是陰線還是陽線都要收尾，所以在⑥的地方出場。

接著要在⑦掛進買單。均線的排列順序顯示出下跌趨勢，讓人疑惑原因何在。股價下跌在Ⓓ處時一度停止，然後稍微漲後又再次下跌，卻在⑥的地方止跌。於是Ⓓ和⑥的地方就形成 W 底。**就算均線為下跌的順序，也因為出現 W 底而掛進買單**。而且⑥和接下來豎立的陽線在 30 分鐘內幾乎停在同樣的價格帶，⑦卻突破了這 2 根 K 線，在高於這 2 根 K 線的地方開始和收尾。由此足以判斷股價在強勁的拔河中開始往上波動。

接下來股價再次上漲，卻碰到 20K 線。雖然有時也會突破，但基本上是疲弱的趨勢，可以推測是因為 W 底才上漲。於是就在碰到 20K 線的⑧處平倉買單，沒有貪多。

之後再觀察情況，K 線沒有越過 20K 線，而是往⑨的下方突然下跌。K 線在低於前面 2 根 K 線的地方開始和收尾，所以掛進賣空單。

這時又要計算 K 線的根數。從下滑的起點Ⓔ算起第 6 根的⑩突

破並排的K線，因而追加賣單。第8根是陽線，在這裡收尾會很安全。但因為股價驟跌，所以就持倉到第9根的⑪再平倉。

雖然這是WTI原油期貨的15分線圖，但不論是黃金期貨、軟銀集團、三菱重工業，或是日經平均期貨也好，當各式各樣的股票下跌時，就會形成同樣的波動。所以只要能掌握這種波動，也就可以善加應用在其他股票上。

【問題②】

圖8-3為紐約黃金期貨的15分線圖。請思考①～⑤進場和出場的理由。

▶ 圖8-3　紐約黃金期貨　15分線圖

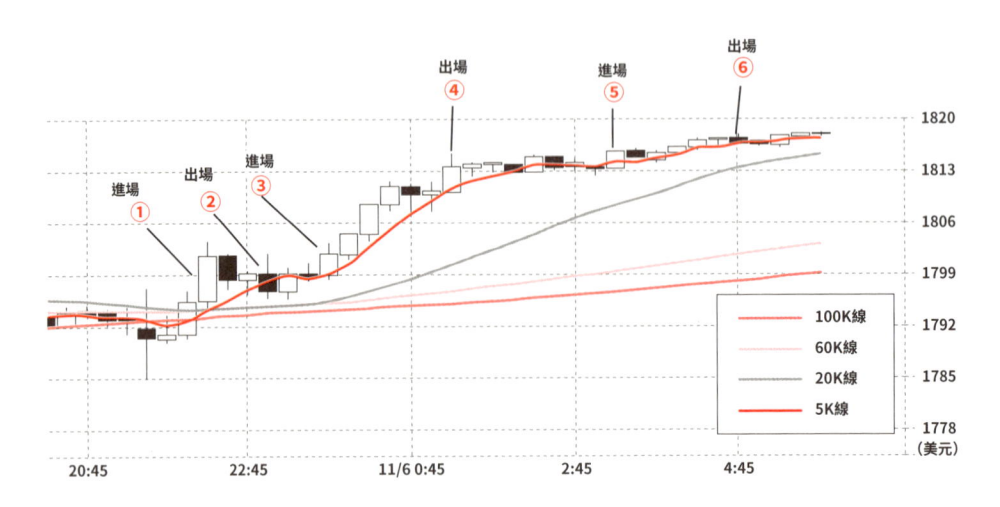

◆問題②的解答

①的進場是因為突破過去的盤整而掛進買單。既可以買在14分鐘①的陽線即將完成時，也可以買在下一個K線開盤時。出場則要忍耐到下一根陰線。**因為均線為上漲的順序，由下而上為**100K線、60K線、20K線及5K線。

雖然在下一個15分鐘形成陽線，卻發現②的K線在14分鐘時形成陰線，於是就暫時平倉。這次交易失敗了。

不過，均線排列的順序仍然顯示會上漲。觀察情況後可以發現，圖8-4 Ⓐ～Ⓓ的4根K線（也就是1小時之內），沒有超過1,799美元的節點線，卻在③的地方突破。以拔河來說，就是可以判斷股價往買方波動。所以在③的陽線的14分鐘完成前，或是在確定③出現

▶ **圖 8-4　紐約黃金期貨　15分線圖**

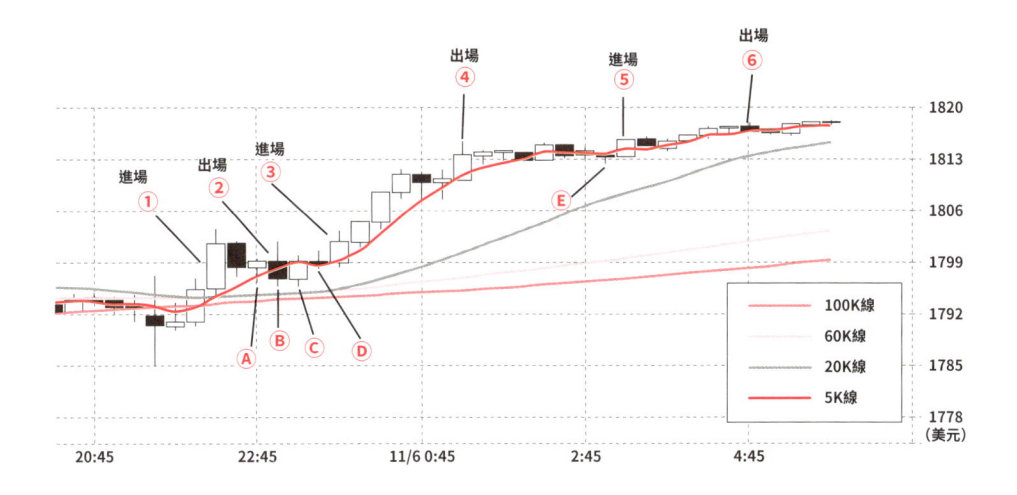

後的下一個K線開盤時掛進買單。

　　這次買進時，均線的順序顯示會上漲，於是就決定盡量持倉。接著計算K線的數量。起點是Ⓒ，在從這裡算起的第9根K線④平倉。15分鐘的K線有9根，總時數就是15分×9根＝135分鐘，也就是2小時15分，做決定綽綽有餘。這段時間可以吃泡麵或上廁所，做各式各樣的事情。若換作是1分線就完全不行了。1分線即使擷取9根K線，利潤恐怕也沒多少，不過這張圖中的1個單位平均有13美元的盈餘，所以並不差。

　　從④開始是盤整。**盤整的盤勢難以預測會往上還是往下，因此不要出手。**然而，從均線的順序能夠看出很可能會往上突破。後來陽線一如預期在⑤的地方往上衝，於是掛進買單。均線顯示股價還會上升，因此可以耐心等待下一根陰線。

　　之後就說服自己沒關係、不要緊……接著就看到陰線出現在⑥的地方，是從上升的起點Ⓔ算起的第8根K線，所以要在這裡出場。

【問題③】

　　圖8-5為美股道瓊期貨的15分線圖。請思考①～⑧進場和出場的理由。

◆問題③的解答

　　將道瓊期貨當成練習題，是希望各位明白，世界上任何股票都適用相場流交易法。**均線的順序由下而上為100K線、60K線、20K線及5K線，顯示會上漲。**①突破4根並排的K線，要買入進場。其次

▶ 圖 8-5　美股道瓊期貨　15 分線圖

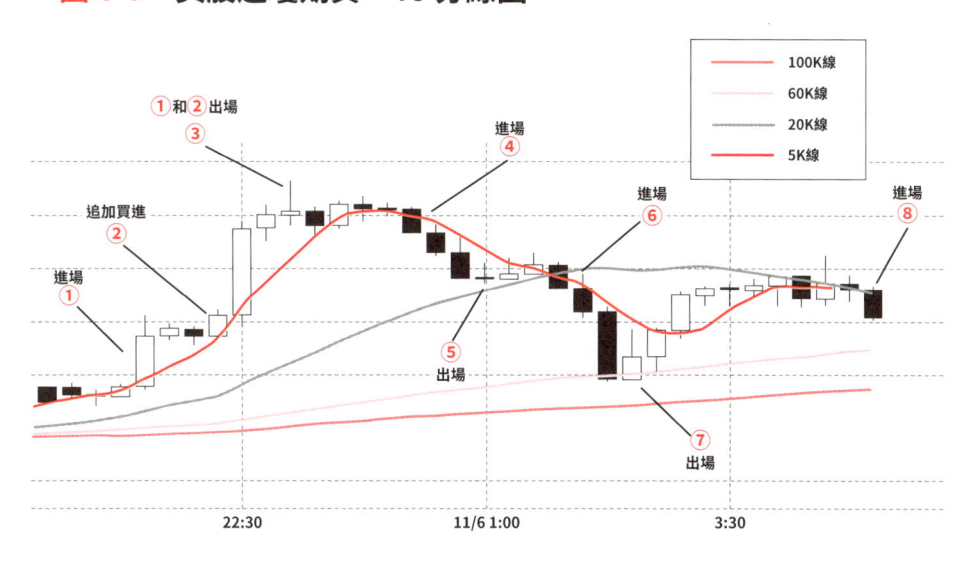

是陽線，再其次的陰線與陽線並排。5K 線以大角度上升，這個斜度顯示會強勢上漲。既然能夠判斷這一點，就算出現陰線也不要出場。因為後來②的陽線突破並排的 K 線，所以要追加買進。

　　從上升的起點Ⓐ（下頁圖 8-6）計算 K 線的數量，要在第 9 根的 K 線③（圖 8-5）平倉，平倉之後股價就盤整了。盤整時單純觀察，什麼都不做，由於④往下突破並排的 K 線，因而掛進賣空單。雖然下跌卻讓人有點擔心，因為均線的順序還是顯示會上漲，卻不曉得什麼時候會漲。這時縱然計算 K 線的根數，最多也要在第 4 根平倉。從④算起第 4 根的 K 線⑤有時會變成紡錘線，要出場。

　　從⑤開始是盤整，不要出手。⑥不但往下突破，還跌破 20K 線，

CHAPTER 8　將絕技內化的 4 道最強練習題　159

▶ **圖 8-6　美股道瓊期貨　15 分線圖**

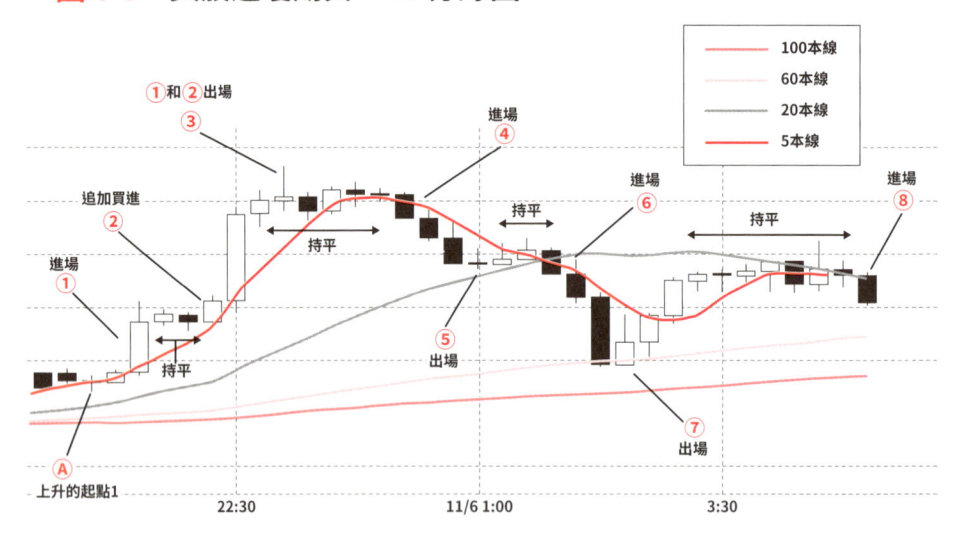

圖例：
— 100本線
— 60本線
— 20本線
— 5本線

圖中標註：
① 和 ② 出場
③
追加買進 ②
進場 ①
進場 ④
持平
持平
⑤ 出場
進場 ⑥
進場 ⑧
持平
⑦ 出場
Ⓐ 上升的起點1
時間：22:30　11/6 1:00　3:30

於是就掛進賣單。接著看看股價的波動，K 線在 14 分鐘陰線快要完成之際碰到 60K 線。這時最好要平倉一次，所以在下一個 K 線⑦開盤之際出場。原因在於**均線由下而上為 100K 線、60K 線及 20K 線，還有可能會漲，不知道什麼時候會回彈。**

　　雖然股價從這裡上漲，卻是難以買入進場的盤勢。後來的 K 線既沒有往上突破並排的 K 線，還在 5K 線下方波動，表示股價有可能下跌。雖然之後看線圖就知道會上漲，但那是結果論。這時最好避免風險，按兵不動。因為⑧跌破並排的 K 線，所以能夠掛進賣單。

　　若是高階者，就會看到⑦的下一個陽線，也可以考慮買入進場。

【問題④】
　　圖 8-7 為美股道瓊期貨的 15 分線圖。請思考①～④進場和出場

▶ 圖 8-7　美股道瓊期貨　15 分線圖

——— 100K線
——— 60K線
——— 20K線
——— 5K線

① 進場
② 出場
③ 進場
④ 出場

22:00　10/28 0:00　2:00　4:00　7:45　9:45

的理由。

◆問題④的解答

　　①跌破並排的 K 線，所以掛進賣空單。雖然接下來是陽線，**均線的順序由上而下卻是 100K 線、5K 線、60K 線及 20K 線，顯示會下跌**。下頁圖 8-8 的陽線Ⓐ是下跌的順序，由上而下為 100K 線、60K 線、20K 線及 5K 線，是從下跌的起點算起第 5 根 K 線，所以耐心續抱。結果出現長長的陰線，可知賣空是正確答案。

　　②是陽線。雖然在Ⓐ處耐心續抱，卻出現 2 根陽線夾住陰線。這是從①算起第 7 根 K 線，而且以上 3 根 K 線為並排。假如Ⓐ是陰線，持倉也沒關係，不過既然是陽線，為了避免危險也要平倉。

　　之後，巨大的箭頭Ⓔ標示的盤勢為盤整。這裡觀望不出手會比較

CHAPTER 8 將絕技內化的 4 道最強練習題　161

▶ **圖 8-8　美股道瓊期貨　15 分線圖**

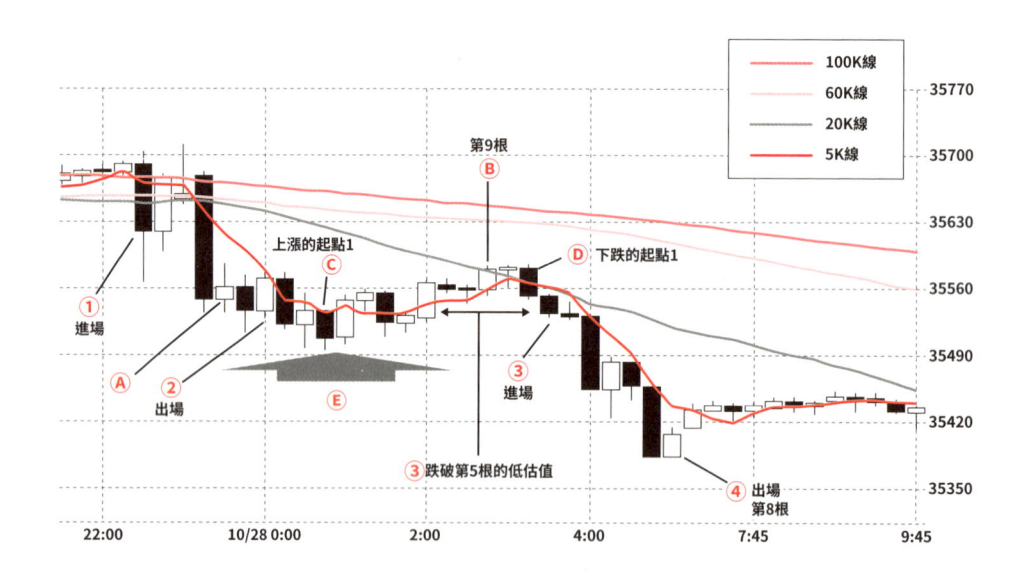

安全，因為波動難以預測，很可能失敗。最好在往下突破的地方進場。

話雖如此，但是Ⓑ的陽線往上突破前面 3 根並排的 K 線，往往會讓人想要買進。不過，這裡也要觀望。理由在於**以Ⓒ為起點，算出漲到這裡的 K 線是第 9 根**。均線的順序顯示出下跌，9 根 K 線卻努力上漲，差不多該精疲力盡了。而且 20K **線以大角度下跌**，所以不要硬在陽線Ⓑ掛進買單。

接著就在往下突破的 K 線③掛進賣單。前面的陰線Ⓓ讓人難以判斷是不是在並排後往下突破，因此先不進場。不過③跌破**前面 5 根 K 線的最低點**，也就是跌破過去 75 分鐘的最低點，所以能夠進場。出場的時機則是從下跌的起點Ⓓ算起，出現的第 8 根 K 線陽線④。

CHAPTER

9

與交易技巧同樣重要的心態鍛鍊法

01 當沖時的心態也非常重要

即使股價的波動幾乎一致，當沖的思考時間也很短

　　股價的波動是「碎形」。碎形是呈現出自我相似性的圖形，也就是整個圖形和其中一部分變成相同的形狀。股價的線圖其實也是如此，因此當我注意到這一點時非常驚訝。

　　就和月線從上漲趨勢變成下跌趨勢的波動一樣，周線也會以同樣的形狀從上漲變成下跌趨勢，就連日線也可以擷取到相同的波動。賣方和買方的長期拔河、中期拔河及短期拔河，型態都是相似的。這是因為人類的思維大致相同，與期間長短沒有關係。

　　因此我們可以說，無論是中期或長期線圖，1分線或15分線，波動都相同。比如有人展示1張線圖，對你說「這是30年份的月線」，當你心想「原來如此」之後，對方才坦然告知「其實這是30分線」，你會發現波動是一樣的。

　　我們就舉周線和日線是碎形的例子來說明吧。圖9-1是日清製粉集團總公司（2002）的周線圖，內容為2014年7月～2017年4月為止的波動，1根K線等於1星期。

　　從2014年11月～2016年1月為止，均線由下而上為100周線、60周線、20周線及5周線的PPP。這段期間5周線一度跌至20周

▶ 圖 9-1　日清製粉集團總公司　周線圖（2014 年 7 月～ 2017 年 4 月）

線處，又再次上升，接著稍微跌破 20 周線，然後又上升。2016 年 2 月，5 周線和 20 周線交叉，爾後 5 周線就跌到 60 周線附近，稍微反彈回到 20 周線一帶，最後卻跌破 100 周線。這就是從大幅上漲轉移到下跌的趨勢。

接下來我們要看看下頁圖 9-2 海產品公司瑪魯哈日魯（1333）的日線圖。

這張線圖當中，1 根 K 線就是 1 天，波動卻和日清製粉集團總公司的周線相似。5 日線跌至 20 日線，又再次上升形成 PPP，接著 5 日線來到 20 日線的下方，即使上漲也沒超過 20 日線，最後跌破 60

CHAPTER　9 與交易技巧同樣重要的心態鍛鍊法　165

▶ **圖 9-2　瑪魯哈日魯　日線圖（2020 年 12 月～ 2021 年 6 月）**

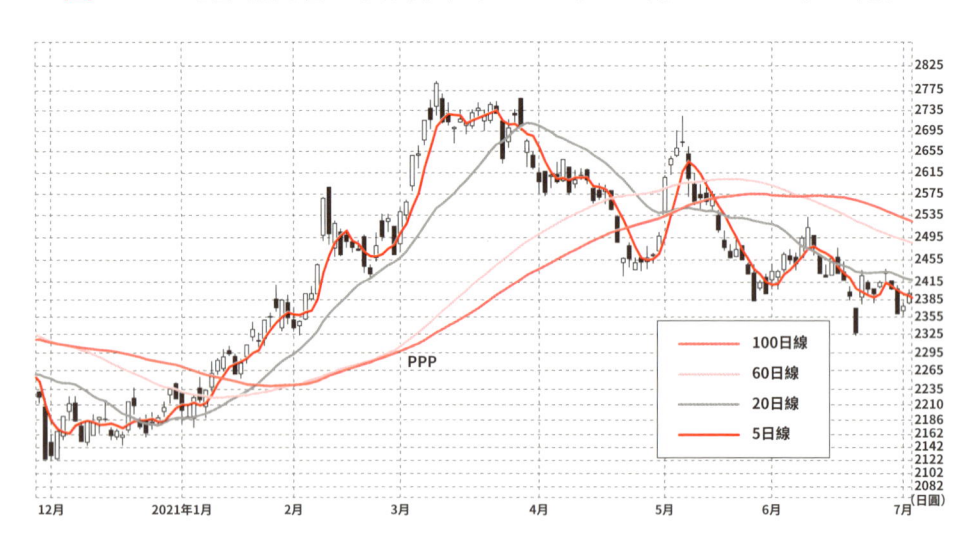

日線，甚至連 100 日線都跌破。

　　周線也好、日線也罷，上漲的波動和隨之而來的下跌波動幾乎一致。上漲的波動、下跌的波動及盤整，無論是 1 分線、15 分線、日線、周線或月線，表現可說是大同小異。

　　然而，分線和日線或周線不同，建立交易策略的時間也會有所差異。利用日線或周線從下午 3 點收盤到隔天上午 9 點開盤為止，都有時間可以考慮是否進場或平倉。但是當沖時考慮的時間就很短。

　　請各位想像 1 天內完成的當沖交易，使用 1 分線和 5 分線判斷要不要買賣。使用 1 分線需要在 55 秒時預測下一根 K 線並進場，5 分線需要在 4 分或 4 分 30 秒時預測下一根 K 線並進場，得在短時間

判斷要不要買賣，於是就會心慌意亂。**在日線或周線上交易，能夠從容思考後完成的操作；在短時間內要完成的交易，則會因慌亂而無法順利進行。**何況炒股要花錢，更難保持平常心。

所以，與其用1分線或5分線交易，不如**以能夠沉著判斷、時間充裕的分線──10分線或15分線來交易。**的確，1分線的波動較為頻繁，能夠進場的盤勢很多。然而，即使靠1分線進場，通常4～5分鐘後也要平倉，很難抓住預期之內的價差。雖然線圖表面上波動得很厲害，實際上卻往往只有10日圓的波動。

1分線明明沒什麼利潤，卻會讓人在精神上感到慌張和焦急，以至於經常判斷錯誤，與其這樣，還不如用10分線和15分線交易。

當沖進場之後，往往會被帶有期許的預測主導。假如是買進持有，就會覺得「搞不好會順勢上漲」；假如是賣空持有，就會覺得「搞不好接下來會下跌」。然而**股價會自己動起來，並不是根據操盤手的心情波動**，所以需要客觀思考股價接下來的走勢。排除帶有期許的預測是至關重要的。

關鍵在於保持平常心

假如進場的理由消失，就要停損。

明明預測股價持平之後會先突破再上漲，結果卻出現陰線而下跌。即使你是基於某個理由進場，遇到這種預測失誤的情況，請果斷止損。

停損個1次、2次、3次，一直這樣下去，很可能會覺得「自己

交易的方法是不是很拙劣？這樣下去好嗎？」但交易不太可能 10 次當中就成功 10 次，仍會失敗 2～3 次。

所以要思考失敗的理由和防止失敗的措施，當下次同樣的盤勢到來時，就可以活用上次檢討的內容，避免失敗。

長期交易之後，就會想出各式各樣的技巧。嘗試之後發現可以熟練 6 成，卻不能大幅獲利，因此要將這些技巧確立為管用的招式，就需要設法將掌握 6 成變成掌握 8 成。

在檢討失敗的同時進行改善，找出糾正哪些地方就可以掌握 8 成。例如，遇到這種時候最好不要買賣，或是在這裡進場後會提高成功的機率，做出大量決定和修正，逐漸完善自己的交易策略。

然後納入修正的部分，再度拿某檔股票 30 年份、40 年份的紀錄來嘗試。這樣一來成功率多半會達到 8 成。但即使如此，也不會變成 100%。

換句話說，就是**失敗機率仍有 2 成**。所以**就算停損也不要氣餒**，覺得「做什麼都贏不了，我已經不行了」。當心態變弱時，可能會錯過本應進場的機會，或者在該止損時無法果斷執行。

本書的專欄（65 頁）也提到，了解自己的勝率就能消除不安。**假如不知道自己的勝率，就要再度用線圖練習，檢驗自己的勝率。**

了解自己的勝率之後，即使停損也可以保持思緒清明。當機會來臨就進場、進場的理由消失就停損，持續進行以上的交易。不要把停損的情緒帶入下次的交易之中。

還有一件重要的事情，就是**別試圖在下次交易中賺回停損的盈虧**。比如停損之後虧了 2 萬日圓，千萬別為了賺回這 2 萬日圓，而在

下次交易中投入加倍的資金。要是在投入高額的資金後，遇到 10 次當中的 2 次失敗，虧損就會一口氣擴大。所以**每次交易都要當成新的比賽**。

另外，別人的意見不需要參考。即使網路或報章雜誌上有五花八門的新聞或資訊，也不必逐一關注。**沒有必要為了這些資訊忽悲忽喜**。

交易最重要的就是跟隨價格變化。參考旁人的意見對你也沒有幫助，請相信價格變化就是一切。假如在交易的同時察覺到自己心態上面的弱點，就要加以改正，保持平常心，讓自己能穩定地進行交易。

02 無論勝敗，都能為下次勝利帶來養分

假如在同樣的盤勢失敗，改正之後就有勝利的機會

在圍棋或將棋的世界中會有「覆盤」的環節。這是在對弈結束後，贏家和輸家一起回顧賽況，重現及談論對局，探討對戰中的策略或心境，進行反省或檢討。「下這步棋是有什麼樣的策略」、「我是這樣判讀棋子的動向，才做這樣的行動」、「原來如此，當你下這一步時讓我有點動搖」，透過這些對話，提升雙方的知識和技術。

曾經當過職棒選手和教練的野村克也先生，生前有句座右銘是「贏有不可思議的贏，輸沒有不可思議的輸」。這句話出自肥前第 9 代平戶藩主（今日本長崎縣平戶市）兼劍道高手松浦靜山之口，意思是勝利時會因為偶然或運氣而莫名獲勝，落敗時則有明顯的原因。

同樣的道理也適用在交易上。

失敗一定有理由。1 天、3 天或 4 天的交易結束後，**不管結果是成功還是失敗，都一定要進行反思**。

就算結果平安，操作順利，途中也會出現危險的交易。反過來說，原以為會操作順利而進場，也可能會落敗。這時若是回顧交易過程，腦中就會陸續浮現該檢討的問題。「喔，是嗎？我忘了考慮那件事。假如當時考慮到，就不會進場了。」這些失誤不是只是想想就算

了，要確實匯整成報告。這就是交易當中的覆盤。

回顧過去的交易，要是發現自己都輸在相同的地方，這其實是你的機會。**假如總是在同樣的盤勢落敗，只要經過修正，即使下次再遇到相同的狀況也可以勝出。**

請在當沖之後覆盤。例如「之前在這裡進場，再於這裡平倉，但冷靜思考後覺得有點不對。好，我就改掉這個地方，以免下次發生類似的事情。」總結1周交易的檢討報告，假如落敗的情況相同就要確實改進，這樣以前輸過的地方就會在下次大獲全勝。

然而，沒有覆盤的操盤手似乎很多。棋士都會覆盤，職棒選手和職網選手也會觀看比賽的影片，修正自己的缺點，空手道選手也會做。不過，許多操盤手在交易結束之後沒有檢討，只會說「下次也要加油」，就投入新的交易當中。這樣就無法修正自己的缺點，又會敗在同樣的問題上。因此，**請務必進行覆盤，這樣才能開啟屬於你的新未來。**

初學者時期無可避免會失敗，若總是不斷輸在同樣的地方，就顯然是人禍了。然而只要改善這項缺點，就能帶來很大的機會。不只是當沖，波段交易和長期交易也一樣。甚至不只是交易，工作和運動也一樣。請各位一定要覆盤。

03 Don't take a chance!

交易不順利是因為冒險

「Don't take a chance!」這句話乍看之下似乎可以翻譯成「不要抓住機會」。但有些讀者可能會疑惑：「要是沒有抓住機會，操作就會不順利吧？」其實這裡的 chance 是危險、冒險及風險的意思，所以整句片語的意思是「**不要覺得有機會就狂出手，別冒險！**」交易當中不宜冒險，危險的交易也會導致失敗。交易不順或許就是因為冒險。只要了解不順的原因並加以修正，交易技巧應該就會有所長進。

以下再次歸納交易不順的理由，以及交易時要遵守的原則：

（1）不要只管重點而沒有深入鑽研

小學或國中求學時只要了解重點，或許就可以在考試中得分，但交易就不能這樣了。如果是將這本書大略瀏覽，想著「不懂的地方以後再說」的人，請再回頭看一次，這樣你的理解才會更加深入。

比如照著本書學到的方法進場，股價的波動卻和預測不同，以至於操作不順時，或許是因為那是不適合進場的盤勢。又或者是進場之前沒有充分核對均線的位置和節點。

光是大略掃過重點就自以為懂的人，其實多半並不真的理解。

（2）不要躁進，或任意改變做法

　　躁進往往只會留意到重點，不要急於求成。讀書也一樣，不要擔心「照這個步調，看完一本要花好多時間」，而是要一頁頁深入精讀，這樣後半段就可以順利讀下去了。

　　學習股票也一樣，**不要急著一個接一個的學新招，而是要先專精一項技巧**。假如招式夠頂尖，光靠它就可以賺錢。請各位明白，躁進學習各種技巧，只掌握到廣泛而淺薄的要點，也是贏不了的。

　　另外，**任意改變做法也不好**。當你學習某項技巧，用於交易卻不順利時，就算因此想要換其他方法從頭學起，也不能確保新方法是否正確。有時可能還會輸得更慘。

　　深入鑽研一個值得信賴的做法，總有一天會發揮效用。

（3）不要想得太複雜

　　進場時要是想得太複雜，像是有沒有節點、雖然是 PPP 卻排了 7 根陽線、K 線碰到長期均線，或是其他各式各樣的問題，最後就無法進場了⋯⋯各位有沒有遇過這種情況呢？

　　進場時不要想得太複雜，這一點相當重要。接下來稍微詳細說明。

　　我們用在交易上的工具為陰陽 K 線、節點及 4 條均線，買賣前要先分析這些要素是怎麼交織在一起。所以情況無可避免會變得複雜，但我們可以嘗試像以下這樣單純思考，不知各位覺得如何呢？

　　我們把要投資的股票鎖定在 PPP 或反 PPP 的股票上。PPP 或

反PPP是持續上漲或下跌的股票，因此K線和均線的位置沒有那麼複雜。遇到類似的盤勢時，只要趁著「分歧」訊號進場，就比較有機會順利操作。

我們就以日線圖的PPP圖來講解。PPP線圖的均線由下到上依序為100日線、60日線、20日線及5日線。5日線靠近20日線卻沒有交叉就再次上升，形成「分歧」訊號，豎立陽線。這個盤勢當中，這根陽線不是第9根、第10根，而是在高於上一根K線的地方開始，並且在更上方結束。假如周線沒有持平，就可以判斷「分歧」之後上漲的機率很高，不妨買入進場。

▶ 圖 9-3

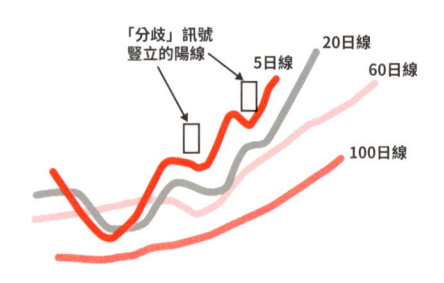

▶ 圖 9-4

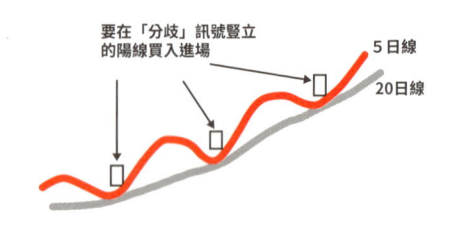

既然是看準PPP的「分歧」再買進，除此之外的盤勢或K線低於5日線時就不要進場。

不過，當整個市場出現轉折點時，即使是PPP也可能下跌。只要沒有遇到這樣的盤勢，操作就會順利。

找出3～5檔PPP和反PPP的股票，等到5日線和20日線形

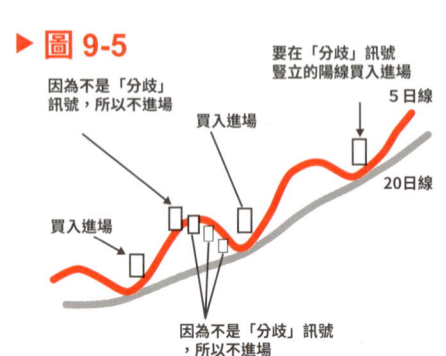

▶ 圖 9-5

成「分歧」的盤勢。一旦「分歧」成立，只須進場就好。這樣大致上就會越操作越順利。

反覆進行這些簡單的買賣或練習，自然就能在交易時更加靈活應用。

（4）不要只憑研究就自我滿足，卻沒有進行實際交易的統計

掌握 1 項技巧固然重要，但即使深入學習也不能馬上實際交易。**請在實際買賣之前至少模擬交易 1 個星期。**

模擬交易的方法是，從星期一到星期五，憑藉自己研究的技巧進場操作幾檔股票。但在買賣時不要投入資金，而是以筆記記錄用多少錢買進、多少錢賣出、多少錢平倉。這件事要嘗試進行一個星期。熟練到 7～8 成之後就會充滿自信，也會掌握這項技巧。從下星期起再以最小單位開始實際交易。

就算這時沒能藉由模擬交易練到專精也不要放棄。請各位再次覆盤，追究原因。

（5）不要只用 1 檔股票交易

1 天不要只追蹤 1 檔股票。比如今天只看軟銀集團，行不通的話明天就換日本遊船，接著又改追 CyberAgent。理由在於：若只關注 1 檔股票，可能會因為當天基金大量賣出或買進那檔股票，股價的波動就和平常不同。

就算是我也一樣，交易 30 檔股票也會有 3 檔預測失準。初學者要是只交易 1 檔股票，這檔股票多半會不可思議地看走眼。所以要

試著以自己專精的同一招，交易 3～5 檔股票。如此一來，就算有 1 檔股票不符預期，也會有 2～4 檔股票順利操作，有時甚至全都得心應手。就算有的股票操作不順，最後也能獲得利潤。

（6）不要突然增加股數

就算當沖連戰皆捷，狀況良好，也不能突然增加股數，例如把以往的 500 股交易改成 5,000 股。

一旦增加股數，失敗時損失也會擴大。所以無論狀況再怎麼良好，也要先以 500 股交易 1 年，等到能夠順利操作之後，再增加到 2 倍的 1,000 股。

模擬交易也一樣。我們往往會因為沒有投入資金，就直接做 3,000 股的高額交易。假如 3,000 股波動 50 日圓，賺到 15 萬日圓的利潤，欲望就會加深，覺得「既然這樣就用 5,000 股賺 25 萬日圓」。如此一來就會**認為模擬交易只賺不賠，而躁進投入交易**。導致無論成功或失敗都不會檢討，最後只能做精確度低的交易，這樣就沒有模擬的意義了。所以剛開始做模擬交易時，就要以最小單位來操作。

（7）不要只憑日線來判斷

做波段交易或長期交易時，單憑日線判斷多半會操作不當。請記得**也要看周線或月線**。

比如在日線中看到 K 線往上面冒出來或往下突破，但在查詢周線後，才發現只不過是並排，所以趨勢是盤整。既然只在箱型區當中

波動，就算出現上漲也不見得會轉換成上漲趨勢。

另外，即使日線第 5 根陽線看似處於高點區間，但從周線來看，可能是第十幾根才到達高點。陰線也一樣，即使在日線低點區看到第幾根陰線，但從周線來看，可能在低點區的是第十幾根陰線，這時盤勢不是賣出而是要買進。只要改變時間軸，看到的情況就會改變。

(8) 交易時要保持專注力，不要鬆懈

「交易時不要掉以輕心」、「不要以輕率的念頭進場」也很重要。掉以輕心指的是看了走勢圖，感覺好像不錯就進場交易。**要記得保持謹慎，別因市場氣氛而投入股市。**

要是憑感覺進場後，股價的波動和預測的不同，就要勇於撤退。別期待股價在枯等後會改變，而是要停損，轉換心情，專注在下一次交易上。屆時請不要試圖在下次交易中把損失賺回來。

另外，我們也一定要覆盤，思考失敗的理由。

(9) 不要相信網路的不知名文章

看看網路上關於投資的話題，其中有各式各樣的內容和說法。像是「這檔股票這次會飆漲」、「這檔股票接下來會變成這樣」、「有人在幕後做這樣的事情」等等。然而，那就只是隨意發表的文章，寫得幾乎都是淺薄的知識、惡意的抹黑、感情用事的言論，以及沒有明確根據的消息。網路的不知名文章不可信。

關於這一點，由於**線圖不是隨便的文章，不會說謊**。我們要相信

線圖，而不是網路的不知名文章。

專注於安全交易，盡可能尋求專業指導

最重要的莫過於安全地進行交易。或許各位會覺得這點利潤不敷將來使用，但只要記得安全交易，每次覆盤後持續訓練，這樣總有一天會變得精通。

假如真的想要成功，最好接受教練指導。這不是我在宣傳。每位職業運動選手都會跟著教練學習。教練會指出自己不知道的缺點，幫忙設計各式各樣的練習計畫。

大家都是想在交易中賺錢的人，「賺錢」意味著你們已經踏入專業領域的一部分。對於專業人士來說，跟著教練學習是理所當然的。有空的話，請前往股票研討會或講座，跟著教練學習。

後記

練習在前，實戰在那之後

現在各位讀完本書之後，是不是想在當沖上「快點賺到利潤」呢？

「那就從明天開始交易吧！」我十分了解這樣的心情，相信也有讀者閱讀到一半，就已經先冒出想要賺錢的念頭。單單「摘要閱讀」技術的部分就投入實戰，這樣當然不可能變得高竿。就算從明天開始交易，恐怕也會出現損失。搞不好接下來就覺得「相場師朗不行」，而想要閱讀其他的書籍。

不過就算看了其他書，也只會重蹈覆轍，最後就會認為「果然炒股行不通」。這實在很可惜。

請各位好好從本書的「前言」開始，將我談到的內容和詳細的注意事項全都看完。整本閱讀完畢之後就再看一次、接著再看一次，這樣就會明白我的真意。希望各位聰明的讀者至少重看 3 次，不要跳著看，而是讀遍所有字句。

市面上出版了各式各樣的交易書籍，有許多拚命交易後寫出成果的作者，卻也有些人明明不太高明，還宣稱這樣做就可以賺錢。

本書撰寫的技巧都是我實際交易並提升成果的方法。各位有緣讀到這本書，希望可以好好閱讀並了解其內容。還有，即使看完之後也請不要立刻展開交易。在那之前要以模擬交易來練習，接著再進一步學習，之後才是實戰。

假設我們去上汽車駕訓班，是為了取得駕照。剛拿到駕照時想必沒辦法順利地倒車入庫，或是有可能擦撞車體留下刮傷。要隨著經驗的累積才會逐漸熟練、順暢行駛。

交易也一樣。用功和練習在前，實戰在那之後。

天天訓練 95%，正式實戰 5%

我熱愛網球，以前錦織圭選手在某次的國外大賽出場，我曾是該賽事第一名的贊助者。另外在日本女子單打方面，2022 年第 37 周 JTA（日本網球協會）排名第一的土居美咲選手，我也是她的主要贊助者。並不是成了專業選手之後就可以不練習了。聽錦織和土居這 2 位職網選手說，他們每天會練習 6 個小時，就是為了要更上一層樓。

因此我也天天研究和練習。話雖如此，但並不是十年如一日做同樣的事情，而是時時從事高度的研究和練習。哪怕已經精通，練習時也要以更上一層樓為目標。這種心態是很重要的。

各位只要熟練當沖，一天賺十幾萬日圓也不是夢。所以請別忘了天天訓練，以便提升自己的技術。

我會這樣告訴想靠交易賺錢的人：「請做到天天練習 95%，正式實戰 5%。」

世人常說準備 7 成，實戰 3 成。意思是在準備妥當之後，正式上場時就可以有所表現。不過，我是練習 95%，正式實戰 5%。

這是因為我知道那 2 位職網選手 1 天練習 6 小時，1 個月練習 180 小時。假如 1 個月比賽 1 次，比賽時間頂多只有 3 小時，就代表為了 3 小時要練習 180 小時。交易也一樣。

相信也有人會心懷疑問，交易需要練習嗎？雖然有些人會否定練習，但我「練習 95%，實戰 5%」的觀念不變。例如，當我想要買進明治控股，就會在網路證券的下單畫面輸入「5,000 股」，按下執行鍵。下單只要短短 10 秒、15 秒就結束。假如股價漲跌出現利潤或損失就平倉，平倉也只要短短 15 秒就結束。但是練就以明治控股交易 5,000 股的能力，並不是用功個 10 秒、15 秒就好。

我們要踏實用功，依照所學內容來交易。以棒球來說，就是打擊者反覆訓練後，進入打擊區，壞球跳過不打，等好球來就揮棒，才能擊出安打。站在打擊區的時間只有短短 1 分鐘或 2 分鐘，但為了這短暫的時間，他們每天都進行激烈的訓練。

希望各位讀者也能以「練習 95%，實戰 5%」的精神埋頭苦幹，提升成果。

與同好共同切磋，一起進步

我們接著來聊聊美國職業拳擊手佛洛伊德・梅威瑟（Floyd Mayweather）的故事。這位選手曾以不敗紀錄達成稱霸 5 個量級的偉業，YouTube 上有大量他練習的過程公開影片，值得各位觀看。

我每次看到這些影片就會湧起「哎呀，我也要努力」的心情。看到梅威瑟激烈的練習之後，就會覺得即使到了這把年紀，已經能夠做到某種程度的交易，也還是「非努力不可」。

請務必觀賞梅威瑟練習的情況，以提高幹勁。50戰全勝的他，可是經過嚴苛的訓練，建立出自信。

我經營了一個交易道場，名為「股票道場」。道場的學員會參加例行學習會用功鑽研，無法參加的人則透過影片學習，學員數量達3,000人以上。

光是這樣的人數，就可以建立好幾個友好的團體，發展成拚命練習的組織了。另外，他們除了在股票道場開設的研討會之外，還頻頻舉辦自主學習會。團隊的領導者自己不斷扎實研究和練習，因此程度高超，領導者底下的所有成員也用功學習，以提升程度為目標。加入這些熱心學習的團體之後，連極為平凡的主婦也受到影響，交易越來越高竿。

各位讀者也一樣，只要加入某個研究會或由好手指導，就會受到啟發，技術也會進步。建議大家和交易同好組成學習會，切磋琢磨，共同進步。

我說過很多次，用功和練習在前，實戰在那之後。只要反覆用功和練習，程度就會慢慢有所長進。苦惱的狀態不會永遠持續下去。請各位務必精讀本書，專心用功和練習。如此一來，你一定會看到成果。

國家圖書館出版品預行編目 (CIP) 資料

日本股神日賺周薪的魔鬼當沖奧義：4 日交易 x15 分線圖，用最少本金掌握低風險穩賺法則 / 相場師朗著；李友君譯. -- 初版. -- 臺北市：今周刊出版社股份有限公司, 2024.11

188 面；17x23 公分. -- (投資贏家；84)

譯自：株で 1 日 3 万円「鬼デイトレ」" 伝説の株職人 " による 15 分足の極意

ISBN 978-626-7589-06-9(平裝)

1.CST: 股票投資 2.CST: 投資技術 3.CST: 投資分析

563.53　　　　　　　　　　　　　　　　　　113015232

投資贏家 084

**日本股神日賺周薪的魔鬼當沖奧義：
4日交易×15分線圖，用最少本金掌握低風險穩賺法則**
株で1日3万円「鬼デイトレ」"伝説の株職人"による15分足の極意

作　　　者—相場師朗
譯　　　者—李友君
總 編 輯—李珮綺
責 任 編 輯—吳昕儒
封 面 設 計—萬勝安
內 文 排 版—FE設計
校　　　對—蔡緯蓉、李志威

企 畫 副 理—朱安棋
行 銷 企 畫—江品潔
業 務 專 員—孫唯瑄
印　　　務—詹夏深

發 行 人—梁永煌
出 版 者—今周刊出版社股份有限公司
地　　　址—台北市中山區南京東路一段96號8樓
電　　　話—886-2-2581-6196
傳　　　真—886-2-2531-6438
讀 者 專 線—886-2-2581-6196轉1
劃 撥 帳 號—19865054
戶　　　名—今周刊出版社股份有限公司
網　　　址—http://www.businesstoday.com.tw

總 經 銷—大和書報股份有限公司
製 版 印 刷—緯峰印刷股份有限公司
初 版 一 刷—2024年11月
定　　　價—380元

KABU DE INCHI 3MAN EN「ONI DAY TRADE」
"DENSETSU NO KABU SHOKUNIN" NI YORU 15 FUN ASHI NO GOKUI
© Shiro Aiba 2022
First published in Japan in 2022 by KADOKAWA CORPORATION, Tokyo.
Complex Chinese translation rights arranged with KADOKAWA CORPORATION, Tokyo through AMANN CO., LTD., Taipei.

版權所有，翻印必究
Printed in Taiwan